PROCÈS EN CALOMNIE

CONTRE

LE SIEUR MAC-LEANE

SE DISANT

Baron de Saint-Clair,

AU NOM DE LL. SS.

LES DUCS DECAZES, D'ESCARS ET DE MAILLÉ,

ET DES LIEUTENANS-GÉNÉRAUX

VICOMTE PAULTRE DE LA MOTHE ET COMTE LION.

PARIS.

IMPRIMERIE DE PIHAN DELAFOREST (MORINVAL),
RUE DES BONS-ENFANS, N°. 34.

1830.

PLAIDOYER

DE Me. DUPIN JEUNE

POUR M. LE DUC DECAZES,

CONTRE

LE SIEUR MAC-LEANE,

SE DISANT

Baron de Saint-Clair.

Messieurs,

Il est donc vrai que nul ici-bas n'est à l'abri des traits empoisonnés de la calomnie! Ni la générosité des sentimens, ni la pureté des intentions, ni la loyauté soutenue d'une vie entière, ne peuvent donc imposer silence aux lâches fureurs de la haine ou de l'envie!

Ce besoin de nuire, qui ronge certains cœurs, ne sait pas même reculer devant l'absurdité des accusations, sûr qu'il croit être de trouver toujours des méchans pour les redire, et des sots pour les croire.

Dans les temps de dissensions politiques surtout, le calomniateur espère que l'esprit de parti lui donnera des complices; que plus d'un ennemi caché saura feindre une conviction qu'il n'a pas, ou affecter un doute qui n'est jamais entré dans son âme. Souvent même, ce sera sous la formule de l'éloge que s'épanchera le venin déguisé de la diffamation : « Qui l'eût jamais » pensé? Un homme en apparence si bon, si humain, » si généreux, se rendre coupable d'un si odieux for- » fait! Un sujet jusque-là si dévoué, conspirer contre » ses bienfaiteurs et ses maîtres !... Je ne puis, je ne » veux pas le croire. Cependant beaucoup de gens » l'affirment; il y a des faits difficiles à expliquer : il » faut bien qu'il y ait quelque chose... » Ainsi parle une haineuse hypocrisie; ainsi chemine et se grossit la calomnie; ainsi, suivant l'expression d'un grand poète,

> Ses serpens sont nourris de ces mortels poisons
> Que dans les cœurs trompés jettent les factions.

Faudra-t-il, cependant, que l'homme de bien baisse la paupière, et se taise en présence de ces attaques? Donnera-t-il aux méchans l'encouragement d'une dangereuse impunité? Leur laissera-t-il invoquer le silence du mépris comme un silence d'impuissance ou d'acquiescement?

Sans doute il est des imputations qui se réfutent d'elles-mêmes, et que par-là il est permis de dédaigner. Sans doute elles sont de ce nombre, celles que repoussent aujourd'hui M. le duc Decazes et les hommes honorables qui, associés à ses griefs, le sont aussi à sa demande. Mais la résignation a son terme, la patience a ses bornes, et il est des blessures qu'un noble cœur ne peut recevoir sans se plaindre.

Quand M. Decazes était au timon des affaires, et que l'esprit de parti se fit, d'un attentat funeste, une arme dirigée, bien moins contre sa personne, que contre son administration et contre le pouvoir dont il était revêtu, nul ne put se méprendre; et nul ne se méprit sur le but tout politique de ces aggressions: leur évident motif était leur plus puissante réfutation. Et puis elles avaient pris soin de se discréditer par leur violence; et si une voix imprudente osa les faire retentir dans le temple des lois, elle fut couverte par l'indignation générale et flétrie d'une qualification sévère, mais juste. Après une réparation si éclatante et partie de si haut, qu'avait à demander de plus le ministre offensé? D'ailleurs, une volonté auguste et sacrée pour lui enchaîna ses trop justes ressentimens, et lui fit un devoir de les sacrifier alors à la paix publique.

Mais lorsque dix années ont passé sur la France depuis l'horrible attentat de Louvel; lorsque les passions ont eu le temps de se calmer, et la vérité, celui de se faire jour; lorsque M. Decazes a quitté ce pouvoir, source de tant d'inimitiés; qu'on vienne, à froid, renouveler contre lui d'indignes calomnies et les envenimer encore! qu'on vienne, non plus seulement attaquer le système d'administration qu'il crut devoir suivre, mais l'accuser d'avoir dirigé la main par laquelle fut frappé un prince auguste, pour qui volontiers il eût fait le sacrifice de sa vie!... c'est un excès d'audace et de fureur, qui n'a pu le trouver insensible; et quoique l'injure fût partie de trop bas pour l'atteindre, il a dû appeler à son secours les lois vengeresses, et placer sous leur égide son honneur outragé.

Il faut donc en finir avec cette absurde accusation; il faut, par une réfutation rapide, mais complète, mais facile, en effacer jusqu'aux derniers vestiges.

M. Decazes, vous le savez, a commencé sa carrière publique sur ces sièges où réside votre justice; et, dans le cours des différentes magistratures dont il fut revêtu, il n'a laissé que d'honorables souvenirs, soit au barreau, soit parmi ses collègues.

La restauration reçut ses sermens; il s'y montra constamment fidèle.

Lors de l'invasion du 20 mars, il se fit remarquer par l'énergie de son zèle pour repousser l'usurpation, et les voûtes de ce palais retentirent des accens de sa fidélité courageuse (1).

L'exil pendant les cent-jours en fut le prix.

A la seconde restauration, le suffrage de ses concitoyens lui donna la noble mission de les représenter dans la chambre élective, et bientôt l'auguste auteur de la Charte, juste appréciateur de sa conduite et de sa fidélité, l'appela à siéger dans ses conseils.

Vous n'avez pas oublié, Messieurs, quelle était à cette époque la situation de la France. Les étendards de l'étranger flottaient sur nos villes et attristaient nos regards; l'Europe, poursuivie par l'importun souvenir de nos exploits, pesait sur nous de tout le poids de ses innombrables bataillons; les passions politiques étaient violemment irritées; chez les uns, la soif de la vengeance, chez les autres, le désespoir de la défaite; ici des espérances déçues, là des ambitions ardentes;

---

(1) Personne, à cette époque, ne porta plus loin que lui le dévouement et la manifestation des sentimens royalistes. Il avait quitté la toge pour prendre l'épée de volontaire royal; et le 25 mars, cinq jours après l'entrée de Napoléon à Paris, il revint s'asseoir encore une fois sur les fleurs de lys pour protester contre l'usurpation, et s'opposer à ce que la Cour allât aux Tuileries saluer l'usurpateur. C'est à cette occasion qu'il répondit à quelqu'un suivant lequel la marche rapide de l'homme de l'île d'Elbe était une preuve suffisante de sa legitimité : *Je n'avais jamais oui dire que la légitimité fût le prix de la course.* Il employa le temps de son exil à travailler au retour de la famille royale, *légalement rebelle à un pouvoir usurpateur*, comme il l'a dit lui-même dans un de ses discours.

ailleurs les querelles de religion venant envenimer et quelquefois ensanglanter les luttes d'opinion : tels étaient les élémens de troubles, de discordes et de haines à travers lesquels devait marcher l'administration.

Certes, il faut le reconnaître avec M. Villemain, dont les paroles éloquentes prêteront leur force à ma faiblesse :

« S'il est, aux yeux de l'histoire, une tâche diffi-
» cile autant que glorieuse, pleine de mécomptes et
» de périls, c'est le fardeau du ministère dans ces mé-
» morables époques de restauration politique, où la
» souveraineté légitime reprend et modifie ses droits,
» où les traditions renaissent et manquent de toutes
» parts, où le présent même est encore inconnu, où
» le pouvoir enfin, nouveau, quelle que soit son an-
» tique origine, ne va plus comme de lui-même, sui-
» vant la pensée de Bossuet, et doit calculer à chaque
» pas le mouvement des ressorts qu'il vient à peine
» de créer. Dans le premier essai, ou dans le déve-
» loppement inattendu des libres institutions qu'em-
» brasse la monarchie, le succès ne suit pas toujours
» les plus nobles efforts. Des hommes vertueux, des
» hommes habiles, succombèrent à cette épreuve.
» Clarendon s'exila ; l'illustre Bolingbroke fut con-
» damné..... »

M. Decazes ne subit point ces rigueurs, mais il fut long-temps en proie aux plus vives attaques et aux plus odieuses calomnies.

Ah ! sans doute, si c'eût été un homme dur, sans pitié, ami des vengeances ; si son caractère n'eût point invinciblement répugné aux violences, aux réactions, à ces rigueurs qu'on osait appeler salutaires ; s'il eût cédé aux exigences des partis, il aurait été encensé par ceux-là même qui l'attaquèrent. Mais la France eût été couverte d'échafauds, les prisons encombrées de victimes, une foule de familles veuves de leurs membres exilés. Et qui sait ce qui fût advenu ?

M. Decazes comprit autrement sa mission. Il ne crut point que la rentrée d'un souverain légitime dans ses états fût une victoire à la suite de laquelle on pût poursuivre les vaincus, faire des prisonniers et recueillir des dépouilles. Le premier devoir d'un ministre du Roi lui parut être de calmer les haines, de dissiper les craintes, de ramener les cœurs au Prince par les bienfaits d'une administration modérée et par les garanties d'une législation mise chaque jour de plus en plus en harmonie avec la Charte.

Sans doute l'attentat du 20 mars ne pouvait demeurer impuni ; mais le ministre s'attacha à étendre et à développer les effets de la clémence royale, et repoussa avec une énergique constance les efforts faits pour introduire dans la loi d'amnistie de cruelles exceptions.

Le Gouvernement, qui venait d'être emporté par un violent orage, dut être armé, pour sa défense, de moyens extraordinaires et de lois d'exception ; mais leur application en adoucit les rigueurs.

La France sortit du joug humiliant de l'occupation et cessa d'être tenue en surveillance par l'Europe alarmée ; les mœurs constitutionnelles jetèrent de nombreuses et profondes racines ; les lois d'exception firent successivement place à un ordre légal et régulier ; on rentra dans la Charte ; on apprit à la comprendre, à y croire et à se confier à elle ; les élections furent rendues aux électeurs qu'avait nommés la loi fondamentale ; la liberté de la presse, âme du gouvernement représentatif, fut dégagée des entraves qu'elle avait reçues ; tout fut mis en usage pour propager, jusque dans les classes inférieures, le bienfait de l'enseignement, c'est-à-dire la connaissance des droits et des devoirs ; des institutions nouvelles encouragèrent l'agriculture et l'enrichirent de produits et de procédés nouveaux ; les arts et l'industrie furent conviés à déployer leurs richesses aux yeux de la France. Le malheur même ne fut point oublié ; les prisons furent assainies, leur régime intérieur, amélioré ; le travail en chassa l'oisiveté et put en corriger les vices ; enfin, ces séjours de tant de douleurs et de misères furent placés sous l'auguste protection d'un prince auquel la reconnaissance publique reporta ces bienfaits.

Tels furent les moyens par lesquels le ministre d'alors voulait rallier tous les Français autour du trône.

« Pour fermer l'abîme des révolutions, disait-il à
» la tribune, l'indulgence, les bienfaits, la justice,
» voilà quel est le secret du petit-fils de Henri ; voilà
» quel fut celui de Henri lui-même. »

Faisant un appel à toutes les opinions, il voulait réconcilier ceux-ci avec la Charte par l'attachement qu'ils montraient à son auguste auteur, et inspirer à ceux-là l'amour du Roi, par reconnaissance pour les libertés qu'il avait garanties. « Soit que vous veniez au Roi
» par la Charte, ou à la Charte par le Roi, disait-il
» avec entraînement, vous ne serez pas exilés de nos
» rangs. »

Enfin, expliquant la marche de son ministère, il s'écriait :

« Mais quelle est donc cette marche tant critiquée !
» *Royaliser la nation, nationaliser le royalisme,* pro-
» téger tous les intérêts acquis, toutes les propriétés,
» maintenir une égalité complète de droits, ramener
» à l'oubli du passé, éteindre les haines, faire aimer
» le pouvoir en le faisant respecter et en l'exerçant
» pour protéger toutes les libertés garanties par la
» Charte : voilà le but que le Gouvernement se pro-

» pose, la règle que lui a tracée le Roi, qui, pour
» rappeler les paroles sorties de sa bouche royale, ne
» peut être Roi de deux peuples, et ne peut avoir
» qu'une même balance et une même justice. »

En un mot, il avait pris pour règle ces belles paroles d'un de nos Princes : *Union et oubli.* Ses discours n'en étaient que le développement, sa vie ministérielle n'en fut que le commentaire et l'application.

Voilà pourquoi il crut devoir planter son drapeau entre les opinions extrêmes, et chercha à grouper autour de lui ce tiers-parti qui, s'il faut en croire un honorable député, est devenu la nation tout entière, moins une imperceptible fraction.

Se serait-il trompé, en croyant qu'il était possible de tenir la balance égale entre les partis ; de défendre le pouvoir quand le pouvoir était menacé, et la liberté quand elle était attaquée ; de protéger tous les droits, de remplir tous les devoirs, de porter, suivant les nécessités et les conjonctures, secours au pays et à l'autorité ? Ce système, qui fut plus raillé que compris, n'est-il pas celui auquel on a plus d'une fois tenté de revenir ? M. Decazes en appelle à l'avenir : l'histoire dira si ses successeurs ont suivi une meilleure route, si leur administration fut plus loyale et plus juste, si elle rendit la France plus heureuse et plus libre.

Quoi qu'il en soit, un tel système d'administration, par cela qu'il se plaçait en dehors des partis, privait le ministre de leur appui, et l'exposait à leurs attaques. Il soulevait nécessairement les mécontentemens de ceux qu'il était destiné à combattre. De-là, ces reproches si divers et si contradictoires, dirigés contre M. le duc Decazes ; les uns l'accusant d'avoir trop fait pour la liberté, les autres se plaignant de ce qu'il n'avait pas fait assez pour elle.

Un des camps opposés ne lui pardonnait pas surtout l'ordonnance du 5 septembre, cette ordonnance qui fut comme une seconde promulgation de la Charte dont elle proclamait l'inviolabilité; cette loi de paix, qui était le désaveu royal de tout système exagéré, garantie donnée à tous les droits si imprudemment inquiétés. Bien qu'elle fût contresignée par un autre ministre, ce fut à celui de la police qu'on en reporta les reproches, et la cause en était trop honorable pour qu'il les repoussât.

Tant que l'opposition à laquelle il fut en butte se renferma dans cette guerre politique, M. Decazes put bien être blessé au fond de l'âme de voir méconnaître la pureté de ses intentions, mais il dut respecter l'exercice d'un droit constitutionnel, et ne voulut pas surtout que les aggressions contre sa personne pussent jamais être la cause d'une persécution contre un écrivain, quel qu'il fût.

Toutefois il ne savait pas encore à quel point d'égarement et de fureur la haine et l'esprit de parti peuvent jeter certains hommes. Il en fit la douloureuse épreuve.

En 1820, la France entière fut consternée par un crime atroce qui semblait n'être ni de notre nation, ni de notre époque : un fils de France était tombé sous le poignard d'un assassin !

A la séance du 14 février, jour qui suivit l'horrible catastrophe, lorsque tous les cœurs étaient en proie à la douleur, un député monte à la tribune et fait entendre ces étranges paroles : « Je propose à la Chambre
» de porter un acte d'accusation contre M. Decazes,
» ministre de l'intérieur, comme complice de l'assas-
» sinat de Mgr. le duc de Berri, et je demande à
» développer ma proposition. »

Cette attaque inattendue fut accueillie avec l'indi-

gnation qu'elle méritait. « Un mouvement violent et
» spontané (dit le *Moniteur*) éclate dans toutes les
» parties de la Chambre, qui retentit des cris réitérés
» *à l'ordre! à l'ordre!* »

L'orateur est obligé de descendre de la tribune,
abandonné par son propre parti ; et si l'un des chefs
les plus ardens de ce parti y remonte quelques instans
après, ce n'est plus pour accuser le ministre, c'est
pour proposer, fidèle à son système, ce qu'il appelle,
dans son âpre langage, *des mesures fortes et énergiques*
contre la liberté de la presse et contre les écrivains
téméraires *enhardis par l'impunité.*

Le lendemain, un honorable député (M. le comte
de Saint-Cricq) prend la parole aussitôt après la lecture du procès-verbal, et s'exprime en ces termes :

« Messieurs, absent de cette Chambre hier, au
» moment où l'un de nos honorables collègues y fit
» entendre contre un ministre du Roi d'étranges pa-
» roles, que je trouve consignées dans le procès-
» verbal, il me fut impossible d'exprimer le profond
» regret de voir mêler à la manifestation d'une grande
» douleur publique *un sentiment d'animosité parti-*
» *culière, de haine personnelle,* et je déplore d'avoir
» à employer ce mot, *la plus odieuse calomnie.* Je ne
» saurais douter que l'accueil fait à ses paroles, *le*
» *mécontentement unanime de la Chambre* et ses
» propres réflexions, n'aient suffisamment averti l'o-
» rateur qu'emporté par l'élan d'une âme encore bou-
» leversée par un horrible attentat, *il avait manqué*
» *à la Chambre et à lui-même...* »L'orateur demande
que ces sentimens soient exprimés au procès-verbal.

M. de Castelbajac s'empresse de faire remarquer que
le procès-verbal renferme ce qu'on veut y introduire ;
il y est dit que la Chambre *a manifesté son improba-*

tion contre la proposition de M. Clausel de Coussergues.

Quelques députés prennent la parole, non pour défendre M. Clausel de Coussergues ou sa proposition,
mais pour établir, en thèse générale, que le procès-verbal doit énoncer seulement le fait matériel de l'adop-
tion ou du rejet d'une proposition, et non le sentiment
qui a pu accompagner cette mesure.

Aussitôt, un homme qui jouit aujourd'hui de la
confiance du Roi, et qui goûte à son tour les douceurs
et les amertumes du pouvoir, M. de Courvoisier,
s'élance à la tribune avec une généreuse chaleur, et,
loin de consentir à ce que la rédaction du procès-verbal soit adoucie, il demande qu'aux mots : *la Chambre a manifesté son* IMPROBATION, on substitue ceux-ci :
la Chambre a manifesté son INDIGNATION.

« Non, Messieurs, s'écrie-t-il, ces expressions ne
» sont point trop fortes pour peindre le sentiment que
» vous inspira la proposition que je rappelle.

» Quoi ! c'est au moment où, l'horreur dans l'âme
» et la consternation sur le visage, vous venez d'en-
» tendre le récit de l'horrible attentat dont Sa Majesté
» vous informe ; où un parricide vient de frapper
» l'héritier des rois ; où la plaie saigne ; où le crime
» et la victime sont, pour ainsi dire, sous vos yeux ;
» qu'un de vos collègues paraît à cette place et vous
» dénonce comme complice de l'assassinat l'un des
» ministres de Sa Majesté !

» Quel *motif? Aucun*. Quelle *source ? La haine*.
» En effet, vous n'avez vu et vous n'avez pu voir
» dans cette étonnante menace qu'une *haine person-*
» *nelle* ou une *haine de parti*, dont le but et la cause
» ont été plus d'une fois dévoilés et commentés devant
» vous.

» Comment le dénonciateur se lavera-t-il de ce re-
» proche ?

» *Où sont les faits ? On n'allègue rien ; il faut des*
» *présomptions ou des preuves , et rien ici ne se*
» *décèle, que la haine, l'indécence et la prémédi-*
» *tation !...*

» Accuser sans raison comme sans motifs le mi-
» nistre qui vous parle au nom du Roi, ce n'est pas
» seulement insulter au ministre, *c'est insulter à la*
» *Chambre, puisque son enceinte devient le théâtre*
» *de l'élan scandaleux de la passion.*

» Si donc M. Clausel de Coussergues veut intenter
» et motiver une accusation, qu'il la dépose, qu'il
» suive les formes ; jusque-là son assertion doit être
» tenue comme calomnieuse et téméraire. *Vous avez*
» *manifesté votre indignation, vous avez manifesté*
» *ce sentiment, et je demande que le procès-verbal*
» *le constate.* »

M. Clausel de Coussergues eut le déplorable courage de persister dans son accusation, au lieu de la
laisser attribuer au premier égarement de la douleur;
il annonça même l'intention de la régulariser. Alors
une voix imposante par la double autorité du talent
et de la vertu prononça ces paroles mémorables, qui
terminèrent la discussion :

« Puisque M. Clausel, au lieu de permettre qu'on
» attribue sa démarche d'hier à l'emportement d'une
» douleur trop légitime, ne veut pas que nous puis-
» sions croire aujourd'hui à ce motif d'excuse ; puis-
» qu'il s'obstine à vouloir faire de sa proposition l'objet
» des délibérations de la Chambre; puisqu'il persiste
» dans une accusation qui n'est que *le monument de*
» *la démence,* je déclare que je ne m'oppose pas à ce
» que sa proposition soit consignée au procès-verbal,
» ainsi que tout ce qui vient d'être dit. Je me borne à

» demander que la réponse que j'y fais soit aussi con-
» signée dans ce procès-verbal. Cette réponse ne sera
» pas longue; je lui dirai seulement : Vous êtes un
» calomniateur. » (*Un profond silence règne dans*
» *la Chambre.*)

La Chambre et la France ratifièrent cet arrêt.

Depuis, M. Clausel de Coussergues n'a su ni ré-
tracter ni soutenir son accusation; il en a seulement
déposé le fiel dans un libelle qui atteste l'aveuglement,
mais aussi l'impuissance de la haine; en telle sorte
qu'on a eu raison de dire que « sa voix accusa M. De-
» cazes sans le frapper, le poursuivit sans l'atteindre,
» le dénonça sans rien spécifier et le harcela sans lui
» nuire. » (*Biographie des Contemporains* (1).)

Tout autre que M. Decazes eût peut-être ambitionné
de rester au pouvoir pour braver ses ennemis. Il consentit à le quitter au moment même où une impuissante
fureur se déchaînait contre lui. Je dis qu'il *consentit*
à le quitter, car il n'avait point perdu la confiance
d'un Roi qui se nommait lui-même son père et son
ami. — « *J'ai cédé à vos raisons,* » lui écrivait ce monarque; et, pour témoigner hautement des sentimens
qu'il conservait pour lui, il le nomma son ambassa-
deur auprès d'une grande nation, et l'éleva à la dignité de duc. Il semble même que la délicatesse ex-
quise de Louis XVIII ait cherché à repousser une

---

(1) Dans une lettre insérée dans quelques journaux, M. Clausel de
Coussergues s'est plaint avec amertume d'avoir été nommé dans cette discussion. On conçoit qu'il ait vu avec chagrin l'espèce de solidarité qui
s'établissait entre lui et Mac-Leane. Mais était-il possible de taire ces faits?
M. Clausel de Coussergues n'a-t-il pas été le précurseur de Mac-Leane
dans cette triste carrière de diffamation? Sans lui Mac-Leane eût-il pensé
à l'odieuse calomnie dont il s'est rendu coupable? Ne devait-on pas rappeler comment sa proposition a été accueillie? et dans tout ceci, l'avocat
a-t-il été autre chose qu'historien? C'est la seule réponse qu'on veuille
faire à M. Clausel de Coussergues, et il devrait en être reconnaissant.

odieuse accusation par les considérans de l'ordonnance d'institution. « Voulant donner au comte
» Decazes (y est-il dit) *un témoignage de la satisfac*
» *tion que nous avons de ses services, du zèle et de la*
» *fidélité dont il nous a donné des preuves dans les*
» *occasions les plus difficiles, et aussi de son atta*
» *chement à notre personne* ET A NOTRE FAMILLE, nous
» avons ordonné, etc. »

La bonté royale ne s'arrêta point là ; et lorsque la
naissance du duc de Bordeaux vint annoncer à la
France que le duc de Berri allait revivre dans son fils,
M. Decazes, absent, ne fut point oublié dans la
distribution des grâces qu'occasionna cet heureux
événement. Il fut créé chevalier des ordres du Roi.
Quelle réponse ! Est-ce ainsi qu'à la naissance du fils
on eût traité le complice de l'assassinat du père (1) ?

M. Decazes conserva son ambassade jusqu'à la retraite du duc de Richelieu ; mais, à cette époque, sa
loyauté ne lui permit pas de conserver des rapports
avec l'administration nouvelle : il donna sa démission.

Depuis, sa vie fut partagée entre les nobles devoirs
que lui imposent la dignité de pair et les travaux utiles de l'agriculture. Il a doté son pays natal de plusieurs établissemens qui contribuent à sa prospérité,
et plus d'une fois sa voix s'est fait entendre avec succès pour la défense de nos droits et de nos libertés,
surtout dans les dernières lois destinées à donner aux
accusés des jurés impartiaux, et à écarter la fraude de
l'urne électorale.

---

(1) Le Roi fit plus : il envoya à M. Decazes les insignes de l'Ordre du
Saint-Esprit, qu'il portait habituellement, voulant que la faveur qu'il lui
faisait eût quelque chose de plus personnel. — Enfin le feu Roi fit placer
alors dans son cabinet particulier le portrait du ministre qu'il quittait à
regret ; et ce portrait y est resté jusqu'à la mort du monarque.

Telle est la vie que l'imposture et la calomnie voudraient souiller par leur souffle impur! Tel est l'homme contre lequel on vient ressusciter une accusation flétrie à sa naissance!

Et, comme si ce n'était pas assez, on lui a associé des hommes d'une fidélité éprouvée, et d'un caractère qui ne semblait pas être moins que le sien à l'abri du soupçon; des hommes qu'on vit marcher quelquefois dans des rangs différens : triste leçon, qui prouve que la calomnie frappe partout, et qu'elle menace ceux mêmes qu'elle n'atteint pas encore!

Eh! quelle est donc la voix qui s'élève ainsi? d'où vient cet accusateur tardif? que veut-il? quel intérêt le guide? où sont ses preuves, ses témoins? Examinons.

Et d'abord quelle est la voix qui accuse?

Est-ce celle d'un homme que recommandent d'honorables antécédens, et aux paroles duquel sa vie passée prête créance et donne autorité? est-ce, comme on le lit en tête et dans le cours du libelle, celle d'un gentilhomme français, dont le dévoûment et la fidélité se soient signalés aux jours d'épreuve, d'un militaire qui compte de loyaux services, qui ait conquis un grade élevé et les insignes de l'honneur sur les champs de bataille?

Non. Le libelliste est un déserteur écossais; c'est un imposteur qui avait présenté au gouvernement de son pays des blessures faites avec un instrument d'outrage, comme de glorieuses cicatrices reçues au sein des combats, et qui s'était fait adjuger, sous ce faux prétexte, le noble salaire destiné à payer le sang des braves; c'est un homme mis dans sa patrie à l'index des lâches et des fripons; c'est un homme qui, étant venu cacher sa honte et chercher l'impunité parmi nous, a déjà été frappé par la justice, pour avoir porté des décorations qui ne devaient point briller sur sa poitrine;

c'est un homme enfin qui a usurpé jusqu'au nom qu'il porte : c'est Mac-Leane, et non Saint-Clair.

Ici les preuves abondent : il ne faut que les rappeler sommairement ; elles sont dans toutes les mémoires ; elles accablent le prévenu de leur évidence autant que de leur nombre.

Plusieurs officiers anglais de tous grades, étrangers aux plaignans, étrangers au prévenu, sans motifs de haine, comme sans motifs d'affection, sans autre but, sans autre désir que de rendre hommage à la vérité et de répondre à l'appel de la justice, ont reconnu dans l'accusé, la personne de l'Écossais Mac-Leane : les uns l'ont vu en Portugal, les autres, à l'île de Wight ; ceux-ci connaissent les reproches qui pesaient sur lui, ceux-là les ignorent ; mais, tous s'accordent sur sa parfaite identité.

Un autre témoin plus imposant encore, non seulement par son caractère personnel, mais aussi par la nature et les détails de sa déposition, s'est fait entendre : c'est M. le comte de Noé. Certes on ne soupçonnera point le noble pair de complaisance pour M. le duc Decazes : il le combattit quelquefois comme ministre ; mais sa loyauté n'a pu lui refuser la vérité, comme homme calomnieusement accusé.

Or, M. le comte de Noé a connu Mac-Leane dans l'Inde, et il a su comment il y avait eu le bras fracturé d'un coup de bâton. Il l'a revu à l'île de Wight, et a consenti à le présenter au major anglais ; il a su le mariage qu'il y avait contracté, et les regrets amers de la famille qu'il avait trompée ; il a connu depuis ses fraudes et ses intrigues, sa désertion, son inscription sur le *registre des déserteurs et des voleurs*. Il l'a retrouvé en France depuis la restauration ; il s'est indigné de voir le signe de l'honneur à sa boutonnière ; il l'a forcé de fuir sa présence et de sortir des lieux où il l'a rencontré. Il représente enfin et son contrat de mariage dans l'île de Wight, et son signalement tiré des contrôles de l'armée anglaise, signalement dont l'application au prévenu ne laisse pas la plus légère place au doute. Vous vous rappelez, Messieurs, tous les détails si remarquables de cette déposition faite avec l'accent de la loyauté et de la conviction, et avec cette chaleur d'âme que toute fraude blesse, que tout mensonge offense, et qui ne sait point transiger sur la vérité.

Il est quelque chose qui parle encore plus haut, s'il est possible, contre le prévenu : c'est son attitude humiliée et abattue pendant que M. le comte de Noé le poursuivait de ses impitoyables souvenirs. On le voyait affaissé sous le poids accablant de la vérité ; sa langue ne trouvait pas même d'excuse à balbutier ; il ajournait les explications au moment de la plaidoirie ; il renvoyait à son avocat (quand il n'en avait point rencontré dont la conscience n'eût reculé devant sa défense), le soin de répondre. Eh quoi ! baron de Saint-Clair, colonel de cavalerie, noble chevalier décoré de tant d'ordres, on vous conteste votre nom, vos titres, vos services, vos blessures, vos décorations, et vous vous taisez ! votre sang ne bouillonne pas dans vos veines ! vous ne faites pas entendre un cri de douleur et d'indignation ! vous ne trouvez pas un de ces accens que l'innocence opprimée sait du moins faire entendre, et qui va à l'âme des auditeurs ! Je ne voudrais pas d'autres preuves de votre imposture.

Et pourtant ce ne sont point les seules.

En effet, Messieurs, écoutez cet accent écossais qui vous révèle une origine étrangère.

Lisez dans l'instruction cette écriture dont l'orthographe et les formules appartiennent au génie d'une autre langue.

Rappelez-vous les tergiversations de l'accusé sur

l'époque de sa naissance; qu'il place tantôt en 1780, tantôt en 1782, tantôt en 1793; comparez ses variations, indices certaines de mensonge, sur des choses que les hommes n'oublient pas, sur le numéro des régimens dans lesquels il a servi, sur les lieux où il a été, sur la date de tous ces événemens.

Il ne peut produire un acte de naissance; il ne peut en indiquer aucun (1).

A défaut de cet acte, il n'a ni un titre de famille, ni un fragment de correspondance, ni le témoignage d'un parent à invoquer; il ne présente que des certificats surpris par obsession et par importunité à la bonté ou à une facilité trop commune, arme ordinaire de tout intrigant qui veut se parer d'un nom ou d'un titre qu'il n'a pas. Mais cette arme même lui échappe et tourne contre lui; car, s'il parle d'un certificat de M. le prince de Rohan pour établir qu'il a servi dans le régiment de chasseurs de ce nom, le prince écrit qu'on a égaré ses souvenirs. Que si l'on invoque l'attestation de M. le marquis d'Ecquevilly, M. d'Ecquevilly répond que c'est par une *supposition frauduleuse de nom et de personne* que le prévenu s'est appliqué

____

(1) Il prétend être né à Landaw : mais une lettre du bourgmestre de cette ville certifie que « d'après les recherches les plus exactes qui ont » été faites en sa présence sur les registres de baptême, non seulement » des années 1779, 1780 et 1793, mais aussi de 1781 à 1792 inclusi- » vement, et ce *des deux religions catholique et protestante, dont les* » *registres de baptême se trouvent dans un état complet déposés aux* » *archives de la ville,* il ne s'est trouvé aucun acte ayant le moindre » rapport avec celui de la naissance dudit Saint-Clair. »

La même lettre atteste que, dans l'acte de naissance produit par le prétendu baron de Saint-Clair au ministère de la guerre, tout est faux, le nom du curé qui aurait reçu cet acte, celui du maire qui l'auroit délivré, l'intitulé qu'il porte; c'est-à-dire que c'est une œuvre d'imposture dans toutes ses parties.

cette attestation destinée à rendre justice au mérite d'un autre. Enfin l'amiral Sidney Smith a expliqué à l'audience comment on lui avait fait donner sa signature pour certifier des faits qu'il croyait vrais, mais qu'il ne connaissait que par les récits de Mac-Leane. Reste un certificat de M. le duc de La Châtre; malheureusement ce noble personnage est mort; autrement on aurait sans doute une rétractation de plus!

Félicitons-nous donc, Messieurs; ce n'est pas un Français qui s'est rendu coupable du lâche délit qui vous est dénoncé. Encore une fois, c'est un étranger qui a préludé dans son pays par la désertion et par la fraude, à la diffamation dont il est venu nous affliger.

Maintenant que nous connaissons le calomniateur, voyons en quoi consiste la calomnie; elle est digne de son auteur.

Les précurseurs de Mac-Leane, M. Clausel de Coussergues et le *Drapeau Blanc*, avaient voulu rattacher M. le duc Decazes à l'attentat de Louvel, non par une complicité directe et matérielle, mais par la direction que ce ministre aurait donnée à l'opinion publique et par le défaut de précautions dont, à les croire, la police se serait rendue coupable le jour fatal du 13 février 1820.

Mac-Leane reproduit ces reproches; et y ajoute celui d'une complicité matérielle et immédiate! Il ose dire que c'est M. Decazes, M. le duc de Maillé, M. Paultre de la Mothe et les autres plaignans qui ont armé la main de Louvel et l'ont poussé à son exécrable forfait!

Répondons en peu de mots. La tâche sera facile.

Quant à la direction donnée à l'opinion publique, nous avons montré ce qu'elle fut. Éteindre les haines,

apaiser les discordes, rapprocher les partis, les réconcilier autant que possible ; ramener au Roi par la
Charte, et à la Charte par le Roi ; faire aimer les
Bourbons, leur attirer tous les cœurs par les bienfaits
d'une administration modérée ; tel fut le but constant du ministre, et, quand l'espoir de fusion qu'il
avait conçu serait regardé comme chimérique, l'erreur eût été généreuse et faite pour apaiser les ressentimens, plutôt que pour les faire naître.

Aussi l'instruction faite à la Chambre des pairs
a-t-elle constaté que la fureur de Louvel n'avait point
été allumée par les doctrines politiques mises en débat
à cette époque ; on ne trouva chez lui aucuns livres ou
brochures traitant de ces matières, ni aucun journal.
Son crime fut inspiré par un sombre fanatisme, par une
monomanie farouche, nourris dans l'ombre et la retraite. Il n'en a jamais donné qu'un seul motif, savoir,
que nos princes étaient revenus à la suite de l'étranger ;
motif absurde de haine qu'avait couvé son imagination
malade ; motif qu'il cachait en lui-même, et en présence duquel il s'exhortait au meurtre !

Comment donc pourrait-on reprocher à l'administration d'alors cette pensée homicide ? Qu'ont-elles de
commun entre elles ? Qui pouvait soupçonner les
noirs complots qui rongeaient le cœur d'un obscur
garçon sellier ? Qui pouvait réfuter ses rêves et ses
cruels sophismes ?

Cependant le ministre qu'on accuse avec tant de
déraison de les avoir fait naître, a manqué d'en prévenir les funestes effets par une circonstance futile en
apparence, mais grave en réalité ; elle est consignée
dans l'instruction de la Chambre des pairs, et sans
doute il lui sera permis de l'invoquer.

Depuis cinq ans M. le duc Decazes faisait composer
et imprimer, à 60,000 exemplaires, un almanach

populaire (dit de Mathieu Lansberg), dans lequel se trouvaient les portraits du Roi et des princes, quelques vers en leur honneur, plusieurs de ces anecdotes attachantes, de ces mots heureux et pleins de grâce et de bonté qui sont si bien faits pour leur gagner les cœurs. Le prince qui tomba sous les coups de Louvel n'y était pas oublié. On y rappelait, entre autres faits remarquables de sa vie, la touchante générosité qui lui fit refuser 500,000 fr. sur le supplément d'apanage que lui offrirent les Chambres à l'heureuse époque de son mariage, pour que cette somme fût employée au soulagement des départemens qui avaient le plus souffert des désastres de la guerre.

En proposant au Roi de prendre sur les fonds de la police la dépense qu'entraînait l'impression de cet opuscule, le ministre lui disait : « J'aurai quelques » espions de moins, mais je crois servir bien mieux » Votre Majesté..... » Hélas ! combien peu s'en est fallu que cette prévision ne fût réalisée !

L'almanach fut trouvé chez Louvel, ainsi que l'atteste le procès-verbal de perquisition et le rapport fait à la Chambre des pairs (1).

On lui demanda s'il n'avait point lu les passages qui se rapportaient à l'auguste victime de sa fureur. Il répondit qu'ayant aperçu le livre au Palais-Royal, et l'ayant ouvert précisément à cet endroit, il en avait été frappé et s'était dit : « J'aurais tort pourtant de » vouloir les tuer s'ils sont si bons !.... » Il ajouta qu'il avait acheté l'ouvrage, que, rentré chez lui, il l'avait lu et qu'il avait été ébranlé, mais qu'il s'était confirmé dans son idée parricide, en se disant : « Ils » n'en sont pas moins rentrés avec les étrangers (2). »

---

(1) Voyez page 72.

(2) Cette dernière phrase a empêché de consigner la réponse dans l'instruction ..... les honorables magistrats chargés de cette instruction,

« Ainsi le coup fatal a manqué d'être détourné par M. le duc Decazes, et c'est lui qu'on accuse de l'avoir dirigé! Ses efforts ont eu constamment pour objet de faire aimer l'auguste famille qui règne sur la France, et l'on voudrait qu'ils eussent mis le poignard à la main de celui qui la frappa si cruellement! Que dans le premier égarement de la douleur on ait pu le croire, cela se conçoit : *la douleur est injuste !...* mais quand le temps du calme et de la réflexion est revenu, la vérité ne doit-elle pas se faire jour et dissiper le nuage des préventions? ne doit-on pas céder enfin à son évidente clarté?

Quant au reproche de négligence ou d'imprévoyance qui, s'il était fondé, laisserait à M. le duc Decazes des regrets cuisans et voisins du remords, c'est par les faits que nous le repousserons; et pour qu'ils soient plus certains et plus irrécusables, nous les puiserons à une source authentique. Voici ce que disait à cet égard, dans la Chambre des pairs, le rapporteur de la commission chargée de l'instruction :

« Nous devons, Messieurs, vous faire connaître
» les mesures de sûreté qui avaient été prises ce jour-
» là même au théâtre de l'Opéra : Il y avait d'abord
» un détachement de la garde royale, composé de dix-
» neuf hommes. Cinq hommes et un caporal occu-
» paient un poste au bas de la loge du prince; l'un
» d'eux, était en faction en dehors de la porte et
» contre la voiture de Son Altesse Royale : il y avait
» de plus un officier de la garde royale, appelé offi-
» cier de visite. Quoique le poste de gendarmerie
» pour le service ordinaire de l'Opéra eût été fixé à
» vingt et un hommes, et que le 13 février fût un jour

---

se la rappellent parfaitement. Elle a été certifiée à M. l'avocat du Roi par M. le procureur-général Jacquinot de Pampelune, dont nul ne récusera le grave témoignage. (*Voyez le Plaidoyer de M. Levavasseur.*)

» où il fallait veiller au bon ordre et au maintien de
» la tranquillité dans plus de quarante autres théâtres,
» bals et lieux de réunion publique, on avait pensé
» que la circonstance du dimanche gras pouvait atti-
» rer un grand concours à l'Opéra, et le poste de
» gendarmerie fut porté à trente-deux hommes, sa-
» voir : un officier, deux adjudans de ville, trois sous-
» officiers, six gendarmes à cheval et vingt gendar-
» mes à pied. Il y avait en outre huit agens civils,
» un commissaire de police, *un officier de paix atta-*
» *ché spécialement au ministère de l'intérieur,* un se-
» cond officier de paix attaché à la préfecture de police,
» et cinq inspecteurs de police. Un neuvième officier
» de police civile, le sieur Rivoire, qui se trouvait
» de ronde dans les différens spectacles, était arrivé
» après dix heures pour voir si, autour de l'Opéra, et
» à l'Opéra même, il ne se passait rien qui pût mériter
» l'attention de l'autorité. »

M. le procureur-général Bellart donne les mêmes
détails dans son réquisitoire (pag. 2), et il ajoute ces
mots remarquables : « La surveillance était donc mon-
» tée *avec plus de soin qu'à l'ordinaire.* »

Assurément ces mesures étaient suffisantes, les surveillans assez nombreux, la force armée assez imposante. Tous les jours d'ailleurs, et le matin même
du meurtre, le Prince, dédaignant cet attirail de
puissance qui s'attachait à son rang auguste, se
promenait, seul et sans gardes, ou sur les boule-
vards, ou dans les rues de la capitale. Il se plaignit
plus d'une fois de ce que, dans ces occasions, il était
souvent suivi par des agens chargés de veiller à ses
jours, mais dont le voisinage importunait son âme
noble et confiante. Qui donc eût pu penser que ce serait dans un lieu entouré de tant de surveillance et de
moyens d'ordre, que ce serait au milieu de ses gardes,

et de ses fidèles serviteurs, qu'une main parricide pourrait aller le frapper? Il faut le reconnaître, il est des coups que nulle prudence humaine ne saurait prévoir ni prévenir!

Mais quand même le nombre des troupes ou celui des agens de police eût été plus considérable, le funeste attentat en fût-il moins arrivé? Il n'y aurait pas eu plus de factionnaires sur le lieu de cette scène sanglante, et l'on n'eût point placé sur le point gardé par la force militaire, un agent civil. La présence de cet agent n'eût pas été plus imposante assurément que celle du factionnaire qui n'a point arrêté les coups du monstre furieux!

On dira peut-être : Mais la garde eût fait la haie, et la haie eût été plus nombreuse. Voici la réponse, elle est puisée aux mêmes sources que les faits qui précèdent, c'est-à-dire, dans le rapport et dans le réquisitoire présentés à la Chambre des pairs :

« Depuis long-temps (disait le rapporteur) M. le
» duc de Berry avait défendu au poste de service de
» prendre les armes à son arrivée et à sa sortie, et
» de se ranger en haie des deux côtés de la portière
» de la voiture, de manière à interrompre toute com-
» munication dans cette partie de la voie publique,
» et à écarter de sa personne la curiosité indiscrète ou
» la fureur homicide. Ces précautions cependant sont
» les seules qui puissent défendre un prince du poi-
» gnard d'un fanatique résolu d'avance à mourir,
» pourvu qu'il immole sa victime ; toutefois, Mes-
» sieurs, vous verrez qu'on n'avait point négligé les
» autres mesures de sûreté que la prudence pouvait
» réclamer.

» Ces honneurs militaires et ces précautions, hélas!
» si nécessaires, importunaient M. le duc de Berry ;
» il n'y voyait que les marques d'une défiance qui

» n'était pas dans son âme ; plein d'amour pour nous,
» il croyait avoir fait naître dans tous les cœurs le
» même sentiment; il aimait mieux être environné,
» être serré par la foule, comme son auguste aïeul,
» et trouver ainsi une occasion de plus de faire éclater
» la noble confiance et l'affection qui l'unissaient aux
» Français (pag. 6 et 7). »

M. le procureur-général signalait également à l'attention de la noble Cour cette volonté du Prince.
« En vain on avait voulu quelquefois combattre cette
» répugnance qu'il montrait pour les précautions. »
« Point de précautions, disait-il, au milieu d'un peu-
» ple qu'on chérit et qu'on estime. » « En ce moment
» donc, comme dans toutes les occasions pareilles,
» les soldats de sa garde étaient sous le vestibule ; un
» seul factionnaire était près de la voiture, présentant
» les armes. »

Objectera-t-on, comme l'a fait une haine aveugle, que les voitures placées dans la rue Rameau avaient facilité à Louvel les moyens de se cacher, et d'arriver auprès de sa victime ; qu'on eût dû les écarter ? on va voir encore que ce reproche ne peut être adressé à la police. Écoutons M. Bellart.

« A l'instant où M. le duc et Madame la duchesse
» de Berry descendirent des voitures, l'ordre fut donné
» tout haut aux gens de les ramener à onze heures
» moins un quart. L'ordre fut ponctuellement exécu-
» té. A dix heures et demie les voitures stationnaient
» dans la rue Rameau. Non loin d'elles était un ca-
» briolet de la suite du Prince. Dès long-temps M. le
» préfet de police avait donné des instructions ex-
» presses pour que, dans cette même rue, quand les
» Princes étaient au théâtre, on ne laissât pas séjour-
» ner d'autres voitures que les leurs. Les officiers de
» surveillance avaient mis beaucoup de zèle à faire

» exécuter cette consigne ; mais il était un peu dans
» la nature des choses que ce zèle éprouvât quelque
» résistance de la part des personnes du cortège des
» princes, en raison même de la sollicitude qu'elles
» mettaient à ce que leur service fût fait avec promp-
» titude. Aussi cette résistance, dont rien à l'avance
» ne révélait l'inconvénient, finit-elle par l'emporter
» sur les efforts des officiers de la police, qui en furent
» réduits à se borner d'écarter de la rue les voitures
» étrangères aux personnes de la cour..

» Auprès de ce cabriolet toléré par lassitude, ainsi
» que quelques autres voitures de la suite, était un
» homme, petit de taille, vêtu de bleu, coiffé d'un
» chapeau rond, n'ayant rien de remarquable dans sa
» personne ni dans sa mise, et paraissant être le do-
» mestique du cabriolet, supposition à laquelle prê-
» tait la circonstance que le jockei de ce même cabrio-
» let, qui était dans l'intérieur, vaincu par le som-
» meil, s'était laissé glisser sur le coussin et ne frap-
» pait plus les regards des surveillans.

» C'était cet homme, vêtu de bleu et de si modique
» apparence, qui allait disposer de la vie d'un grand
» prince, et peut-être des destinées de la France ! »
(Pages 2-3-4.)

M. Bastard constate les mêmes faits pages 8 et 9 de
son Rapport.

Il est donc bien constant et bien démontré que l'horrible attentat du 13 février ne peut pas plus être attri-
bué à la négligence de la police qu'à la direction qu'a-
vait cru devoir suivre l'administration d'alors. C'est
par-là que M. Decazes a dû commencer sa justification
sur ce point. Il a fallu prouver que le crime de Louvel ne pouvait peser sur aucune autre conscience que
celle de l'odieux assassin !

Mais maintenant ne pouvons-nous pas le dire avec

confiance : fût-il vrai que l'on eût manqué à quelques précautions de surveillance accoutumées, est-ce donc au premier ministre qu'aurait pu monter le reproche? Chargé de la direction générale des affaires publiques d'un grand état, était-ce à lui à s'occuper de placer quelques factionnaires et quelques agens de police? L'ordre était donné, la règle établie : l'application ne tombait-elle pas dans les attributions des fonctionnaires d'un ordre secondaire à qui elle était départie? C'est sous le ministère de son fidèle Sully que Henri IV tomba sous le poignard d'un fanatique : qui pensa jamais à accuser l'illustre ministre? Quand Louis XV fut frappé, ce n'étaient point des Sully qui se trouvaient au ministère : qui chercha cependant à faire rejaillir sur les dépositaires de la confiance du prince le crime individuel du parricide Damiens?

Pourquoi donc en fut-il autrement à l'égard de M. Decazes? Parce que la haine veillait autour de lui ; parce qu'on voulait le renverser du pouvoir ; parce qu'à défaut de motifs, on cherchait des prétextes. C'est ainsi qu'on lui reprocha l'évasion de Lavalette, et non à ceux à la garde de qui la loi avait confié cette victime désignée des événemens politiques !

Eh bien ! il ne l'a plus ce pouvoir. Hommes de parti, cessez de verser sur lui les noirs poisons de la calomnie : vous n'y avez plus d'intérêt ! Hommes abusés (s'il en est encore), ouvrez enfin les yeux à l'évidence ; elle brille d'un assez vif éclat pour frapper les moins clairvoyans !

Reste à parler de la diffamation nouvelle que Mac-Leane seul a osé imaginer, je veux dire la coopération matérielle, la complicité immédiate au crime de Louvel.

On l'a dit avec raison : le témoin le plus nécessaire dans toute accusation, c'est la vraisemblance. Mais sous ce rapport, comme sous tout autre, jamais accusation ne fut plus dépourvue et plus misérable que celle qu'a risquée Mac-Leane.

Les ennemis politiques de M. le duc Decazes (il ne croit pas en avoir d'autres), ne peuvent lui refuser la modération du caractère et la générosité des sentimens. Et l'on voudrait qu'il eût trempé dans le plus atroce forfait ! Élevé au faîte des honneurs sous le règne des Bourbons, il aurait conçu l'horrible pensée de détruire leur race et de sécher la tige par laquelle devait se perpétuer l'arbre sacré de la monarchie ! Comblé des bontés d'un Roi qui daignait se nommer son père, il aurait poussé le délire de l'ingratitude jusqu'à attenter aux jours d'un neveu dans lequel ce monarque plaçait tant d'espérances pour la France et pour sa dynastie !

Et puis, je le demanderai à ceux-là même qui croient difficilement à la vertu et au dévoûment, et qui ne voient que dans l'intérêt personnel le mobile des actions humaines, quel eût été le but d'un tel crime ? Pair, premier ministre, investi de la plus haute confiance, honoré de la plus auguste amitié, que pouvait espérer de plus M. Decazes ? Son intérêt, comme ses affections, comme ses devoirs, ne rattachait-il pas sa fortune à celle de la famille royale ? Tout par elle, il ne pouvait rien être sans elle. Il faut le reconnaître ; dans l'accusation dont il est l'objet, l'absurde le dispute à l'atroce.

Cependant surmontons nos dégoûts ; ayons le courage d'entendre Mac-Leane pour le juger.

Où sont ses preuves pour porter la plus grave accusation qui puisse peser sur la tête d'un homme ? A-t-il vu ? a-t-il entendu ?.. Non, il ne sait rien par lui-même.

Qui donc lui a appris cet horrible secret ? Sur la foi de qui vient-il en faire la révélation ? Sur la foi de celui qu'il appelle *Buïema* et qui signe du nom de *Brinck*. Mais qu'est-ce que ce *Brinck* ou *Buïema* ?....

Un imposteur, un vagabond, digne auxiliaire de Mac-Leane!

Arrêté à Valenciennes, il dit se nommer *François Blanc*, déserteur du 59e. régiment. Convaincu de mensonge sur ce point, il prend le nom de *Metel Broune*, déserteur du 52e. ; c'est encore une fable. Il a la hardiesse de se dire fils naturel de l'amiral *Verhuel*; il est obligé d'avouer que c'est une imposture. Enfin, on découvre que c'est un Hollandais qui signe du nom de *Brinck*; sa mère déclare que c'est un mauvais sujet qui a fui la maison paternelle; il s'accuse lui-même d'avoir déserté après avoir tué, dans une rixe, le capitaine du navire sur lequel il servait. Bref, il est condamné comme vagabond par nos tribunaux, et, au sortir des prisons, il disparaît de notre sol. On ignore dans quels lieux il traîne aujourd'hui son ignoble existence.

Voilà l'imposant témoin qu'invoque Mac-Leane! Ne suffit-il pas de l'avoir fait connaître, pour avoir, d'avance, ôté toute créance à ses allégations?

Pourtant nous ne laisserons rien sans réponse, et nous établirons qu'il n'est pas un des faits sortis de sa bouche dont la fausseté ne soit matériellement prouvée.

Brinck prétend que la première confidence du prétendu complot lui fut faite par le général Paultre de la Mothe, chez lequel il servait. — Les nombreuses et honorables personnes qui sont en relation journalière avec le général Paultre, attestent que Brinck n'a jamais été à son service; il n'a que de vieux serviteurs qui ne l'ont jamais quitté.

Ce serait le 22 décembre que la première réunion des conjurés aurait eu lieu, à *l'hôtel Meurice*, chez le vicomte de la Mothe, où M. Decazes se serait trouvé. — M. Paultre de la Mothe n'a jamais demeuré hôtel Meurice ; sa demeure était rue Saint-Lazare.

Le jour fatal il y aurait eu une autre réunion chez M. Paultre de la Mothe, toujours à l'hôtel Meurice ; Louvel y aurait été conduit.—Mais, depuis le 1er. janvier, M. Paultre de la Mothe n'était plus à Paris ; il habitait une terre près de Meaux ; le 13 février, notamment, il a passé la soirée chez M. le maire de cette ville. C'est un fait à la connaissance des nombreuses personnes qui assistaient à cette fête. Quant à M. Decazes, il n'est point sorti de son hôtel ce jour là, et a tenu un conseil de cabinet, auquel tous ses collègues ont assisté.

Le général Paultre aurait remis à Louvel un poignard et quinze cents francs à valoir sur le salaire du crime ; et précisément une pareille somme s'est trouvée chez Louvel le lendemain de la mort du Prince. — Le fait est encore faux : on n'a trouvé chez Louvel que cent quarante francs. (Voy. le procès-verbal de perquisition.)

Vit-on jamais imposture plus audacieuse et plus évidemment démontrée fausse ?

Mais ce n'est pas tout encore : le libelliste répète plusieurs fois que, lors de l'arrestation de Louvel, M. Decazes lui parla à l'oreille pendant son interrogatoire, et que, dès ce moment, le meurtrier parut plus ferme et plus rassuré dans ses réponses. Un mot d'explication suffira pour réfuter cette odieuse insinuation.

Une des personnes qui entouraient le prince, conçut la crainte que l'arme parricide ne fût empoisonnée. On fit prier les magistrats interrogateurs de questionner Louvel sur ce point. M. Decazes, placé près de lui, s'empressa d'obtempérer à cette invitation ; mais comme la pièce où se trouvait l'assassin était voisine dé celle où gisait le Prince, la question fut adressée assez bas pour qu'elle ne fût point entendue de la royale famille et ne pût pas augmenter ses angoisses, assez haut cependant pour être entendue de tous ceux qui étaient présens. Louvel répondit avec énergie : *Non, non.* Telle est la circonstance que la malveillance envenima dans le temps, et que Mac-Leane a fait ressusciter par Brinck. Quoique M. le duc de Fitz-James fût politiquement opposé à M. Decazes, il s'empressa loyalement de rétablir, dès le principe, la vérité défigurée par un journal ennemi, et, depuis ce procès, M. Jacquinot de Pampelune, joignant son témoignage à celui du noble duc, a cru de sa justice d'éclairer sur ce point la religion de M. l'avocat du Roi, qui l'a déclaré à l'audience.

Mac-Leane répète aussi que M. Decazes a fait conduire Louvel dans son hôtel, au lieu de le faire placer dans une maison publique, et que là, il s'efforça de lui fermer la bouche sur le nom de ses complices. Le fait est, que Louvel fut conduit au ministère de l'intérieur, parce que les prisons étaient fermées au milieu de la nuit, parce qu'on n'avait pris aucune des mesures nécessaires pour y placer un tel prisonnier, parce qu'au ministère on était mieux placé pour expédier et les ordres et les commissions rogatoires qu'il serait nécessaire de donner. Mais loin que M. Decazes fût resté seul avec Louvel, comme on l'allègue, il ne le suivit pas ; il demeura auprès du Prince jusqu'au dernier soupir, et reconduisit ensuite le Roi aux Tuileries d'où il ne sortit qu'à sept heures du matin. MM. Anglès, Bellart et Jacquinot de Pampelune demeurèrent, au contraire, près du meurtrier jusqu'à sa translation à la Conciergerie.

Mac-Leane dit qu'on a refusé d'entendre plusieurs témoins, qu'on a négligé de l'appeler et d'entendre ses révélations ! Pourquoi ne s'est-il pas offert pour rendre hommage à la vérité ? D'ailleurs le reproche s'adresserait, bien à tort sans doute, à la Chambre des pairs, ou du moins à la commission chargée de l'instruction, mais non à M. Decazes.

Enfin il est deux circonstances qui méritent d'être signalées ici pour l'entière appréciation des déclarations de Brinck.

En 1826, lors de son arrestation, Brinck avait fait de prétendues révélations sur l'assassinat de Monseigneur le duc de Berry ; mais ni M. le duc Decazes, ni M. le duc de Maillé, ni la plupart de ceux qui figurent dans le libelle de Mac-Leane, n'y étaient nommés. Il n'y était point question de Mac-Leane lui-même et des confidences qu'il aurait reçues. C'est donc Mac-Leane qui, dictant à Brinck ses révélations nouvelles, lui a fait nommer des personnes qu'il ne connaissait même pas.

Autre fait remarquable : Mac-Leane prétend que c'est le 12 mars 1819 qu'il écrivit à M. le duc de Maillé, pour lui dénoncer « les complots sinistres di- » rigés contre le Prince par *un homme atroce* qui, pour » le malheur de la France, se trouvait en grande faveur » auprès de Sa Majesté ; » désignant par-là M. Decazes. Eh bien ! le 14 du même mois, c'est-à-dire deux jours après, Mac-Leane écrivait à ce ministre une lettre pleine de protestations d'estime, de reconnaissance et de respect !. Choisissez donc, Mac-Leane : vous voilà placé entre deux turpitudes : ou vous n'avez pas envoyé, le 12, à M. le duc de Maillé, la délation dont vous parlez, et alors vous êtes un imposteur ; ou bien, après avoir accusé M. Decazes d'un horrible forfait dont vous le croyiez coupable, vous l'encensiez et lui parliez de sa justice et de ses vertus, et alors vous êtes un infâme.

Et d'où vous vient donc cette soif de diffamation contre un homme que vous n'avez jamais trouvé que juste et bienveillant, comme vous le proclamiez vous-même? Est-ce la haine qui vous pousse? Non ; c'est un motif plus bas et plus odieux. Vous avez voulu vendre votre fiel à des hommes puissans que vous supposiez ennemis de ceux que vous avez calomniés. Repoussé de ce côté, vous avez essayé, par des lettres anonymes, de faire acheter votre silence par ceux que menaçait votre indigne plume (1).

Ainsi, le but, les moyens, les auteurs, tout se vaut, tout se ressemble !

Messieurs, j'ai plus insisté sans doute qu'il n'était nécessaire pour balayer jusqu'aux derniers vestiges de cette abjecte et honteuse accusation ; mais ce procès prouve que la calomnie la plus absurde peut trouver des échos. Il faut couper toutes les têtes de l'hydre et ne lui laisser aucun moyen de les redresser. Votre jugement achèvera l'œuvre et viendra confirmer solennellement et légalement ce qu'a déjà proclamé la conscience publique.

Il ne s'agit point ici de ces délits de la presse que peuvent excuser d'honorables motifs, de ces erreurs dont les meilleures intentions ne garantissent pas toujours, de ces écarts qu'entraînent quelquefois une ardeur généreuse, et un amour plus vif qu'éclairé du bien public. C'est la calomnie dans tout ce qu'elle a de plus atroce et de plus hideux ; c'est l'imposture dans ce qu'elle a de plus lâche ; c'est la bassesse cherchant à se mettre à la solde de la haine, ou à se faire acheter par la peur ; c'est, en un mot, la réunion des plus ignobles passions et des plus viles intrigues.

Messieurs, le mépris ne suffit point pour en faire

---

(1) Celles que M. Decazes a reçues ont été produites au procès. On y exprime le vif désir que rien ne lui coûte pour racheter le livre et empêcher sa publication.

justice ; la morale publique demande aux lois une répression sévère qui prévienne le retour d'un tel scandale, et qui protége contre de pareilles violences l'honneur des citoyens.

Mac-Leane a été condamné à un an de prison. C'est le maximum de la peine prononcée par la loi actuelle contre les diffamateurs. Sans doute cette peine paraîtra légère en la comparant à l'énormité du délit : mais par une singularité assez remarquable, c'est à M. le duc Decazes que Mac-Leane en est redevable. En effet les sévérités du Code pénal contre les calomniateurs ont été adoucies par la loi de 1819, rendue sous le ministère et avec le concours de M. Decazes. Ce n'est pas la seule fois que la générosité de son administration, comme celle de son caractère, aura été utile même à ses ennemis.

Il faut ajouter, pour l'honneur du barreau de Paris, dont le secours ne manqua jamais aux accusés malheureux, que toutes les convictions et les consciences ont reculé devant la défense impossible de Mac-Leane ! Il a fallu lui nommer d'office un défenseur qui s'est borné, en remplissant un ministère obligé, dont il comprenait les convenances et les limites, à diriger ses efforts vers la question d'identité, et à soutenir que l'accusé n'était point le déserteur Mac-Leane ; du reste il s'est empressé de déclarer hautement que, dans son opinion, M. le duc Decazes, M. le duc de Maillé, M. Paultre de la Mothe, MM. de Clermont-Lodève et d'Escars, et tous ceux qu'a nommés Mac-Leane, étaient à l'abri de tout soupçon de coopération directe ou indirecte à l'assassinat de Mgr. le duc de Berry. Ainsi Mac-Leane a été condamné par ceux-là mêmes qui étaient appelés à élever la voix en sa faveur !

Enfin, il a ratifié sa condamnation et accepté le titre de calomniateur, en laissant expirer les délais que la loi lui accordait, sans interjeter appel du jugement qui le flétrit.

Après cela, que restera-t-il à dire à la haine la plus acharnée ou à la prévention la plus aveugle ?

Imprimerie de Pihan Delaforest (Morinval), rue des Bons-Enfans, n°. 34.

POLICE CORRECTIONNELLE

DE PARIS.

(PRÉSIDENCE DE M. LEFEBVRE.)

Audience du 14 Avril 1830.

Plainte en diffamation de MM. les ducs Decazes, de Maillé, d'Escars, et de M. le lieutenant-général Paultre, comte de la Mothe, contre le soi-disant baron de Saint-Clair, auteur d'une brochure ayant pour titre : Révélations sur l'assassinat du duc de Berry.

———————

M. LEVAVASSEUR, avocat du Roi, prend la parole :

Messieurs,

Lorsque l'exécrable attentat du 13 février vint surprendre la France et la plonger dans le deuil en faisant tomber le noble Fils de ses Rois sous le fer d'un obscur assassin, la douleur publique, mesurant avec effroi l'intervalle immense qui séparait le meurtrier de la victime, pensant qu'il ne pouvait être rempli que par des hommes puissans, peut-être même par un parti tout entier, craignant d'ailleurs que le crime commis ne fût que le prélude d'autres crimes semblables, et que d'augustes et précieuses têtes ne fussent encore menacées, la douleur publique, disons-nous, se livra sans réserve aux plus tristes conjectures, aux plus sinistres suppositions. Elle crut et répéta que Louvel n'avait été qu'un instrument aveugle ; que d'autres, moins hardis, mais plus coupables, avaient armé son bras et dirigé ses coups ; et que maintenant,

cachés dans l'ombre, encouragés par un premier succès, ils préparaient des forfaits nouveaux, que toute
la vigilance des magistrats pourrait à peine prévenir.
De là, Messieurs, de cette disposition toute naturelle
des esprits, frappés par un grand et irréparable malheur, la facilité avec laquelle on accueillit tant de
bruits et d'assertions dont un sérieux examen a depuis
fait reconnaître la complète insignifiance : de là l'empressement avec lequel on sembla se plaire à rattacher
au fatal événement les moindres particularités, les
circonstances les plus étrangères ; de là enfin tant de
révélations préparées par l'intrigue, offertes par la cu-
pidité, sous les dehors du zèle, et dont l'œil de la
justice ne tarda point à découvrir le mensonge inté-
ressé.

Au nombre de ces révélations dont les auteurs se
sont fait un moyen de basses spéculations, faut-il ranger celles qui donnent lieu au procès actuel? A cette
question, Messieurs, il n'est personne de vous qui
n'ait déjà répondu ; personne qui, convaincu par la
lecture même du livre qui les renferme, encore plus
que par les longs débats auxquels vous avez assisté,
n'ait dit au dedans de lui que la vérité n'y eut aucune
part, et qu'elles ne sont qu'une longue suite de calomnies et d'impostures. Il semble donc, en présence
d'une semblable conviction, et surtout après les éloquentes plaidoiries que vous avez entendues à une précédente audience ; que, sans nous attacher à démontrer ce qui est désormais évident pour vous, que les
révélations prétendues du prétendu baron de Saint-
Clair sont fausses et mensongères, nous devrions,
après vous avoir fait voir en peu de mots qu'elles sont
diffamatoires et constituent dès-lors un délit, nous
borner aujourd'hui à vous en demander, au nom de
la loi, l'éclatante punition. Mais, Messieurs, il s'agit
d'imputations odieuses dirigées contre les plus hauts

personnages de l'État, contre des hommes investis de la confiance, peut-être de l'amitié du Prince, et pour qui l'estime et la considération publique sont un indispensable besoin. Nous savons d'ailleurs avec quelle déplorable facilité la calomnie, toute absurde qu'elle est, sait trouver créance chez les hommes crédules et prévenus. Nous avons donc compris qu'il était de notre devoir de joindre nos efforts à ceux des défenseurs que vous avez entendus pour combattre les impressions fâcheuses que la lecture du libelle poursuivi a pu faire naître dans certains esprits, de prêter à l'honneur de ceux qu'il attaque le secours de notre voix indépendante, de repousser hautement et avec toute l'autorité que peut nous donner notre ministère, les abominables accusations dirigées contre eux, et de rassurer enfin la société contre les inquiétudes que l'apparente assurance du diffamateur a réussi peut-être à exciter dans son sein. Telles sont, Messieurs, les considérations qui nous déterminent à revenir en ce moment sur les différens faits qui vous ont été déjà présentés dans cette cause, et à examiner successivement et les allégations du diffamateur et les preuves sur lesquelles il les appuie.

S'il faut l'en croire, en adressant aux Chambres et en livrant à la publicité la brochure qui nous occupe, le prévenu, pressé par les sentimens d'un zèle et d'un dévoûment dont il a déjà donné tant de preuves à la famille de nos rois, a eu pour but de signaler à la vindicte des lois les complices jusqu'ici demeurés inconnus de l'affreux Louvel. Ces complices, que la Providence lui a fait découvrir, c'est parmi les serviteurs les plus fidèles de nos Princes, parmi leurs plus zélés défenseurs qu'il les désigne. A leur tête il nous montre un ancien ministre qui, à l'époque du crime, dirigeait les affaires, comme président du conseil, de

nobles courtisans, des généraux connus par leur dévoûment et leur fidélité. Il nous les fait voir se réunis-
sant chez l'un deux, le vicomte Paultre de Lamothe,
et là, dans d'affreux conciliabules, formant le projet
de l'exécrable assassinat, en préparant les moyens, et
remettant enfin aux séides qu'ils ont choisis les poignards qui le doivent consommer.

Sur quoi maintenant reposent ces étranges et graves
accusations ! Sur des témoignages d'abord, puis sur
quelques faits depuis long-temps connus, et enfin sur
des pièces écrites. Discutons d'abord les témoignages,
et voyons d'où ils émanent. Ils sont au nombre de
deux : celui du prévenu lui-même, et celui de ce Buiema dont il a reçu les confidences, et qui avait été, dit-
il, initié à tous les secrets du complot. Ces deux
hommes méritent-ils quelque confiance ? Voilà la première question que nous ayons à examiner. Pour la
résoudre, voyons ce qu'ils sont. Je commence par le
prévenu. A l'entendre, il descend d'une illustre famille. Émigré dès l'âge le plus tendre, il a, dans de
nombreux combats, exposé sa vie pour la noble cause
de la légitimité, et ses cicatrices attestent assez son
courageux dévoûment............. Cependant il ne suffit
pas de dire ces choses, il faut encore les prouver ; et
comment le prévenu y parvient-il ? Pour justifier d'a-
bord qu'il ait droit au nom et au titre de baron de
Saint-Clair, sous lesquels il se donne, il aurait deux
moyens, des titres réguliers ou une constante possession d'état. Quant à des titres, nous n'en avons jamais
vu que deux, qui sont des extraits d'actes de naissance
essentiellement différens l'un de l'autre ; quant aux
dates et aux énonciations qu'ils renferment, mais qui,
tous deux établissaient qu'il est né à Landau, quelques
années avant la révolution, et que son père s'appelait
le baron de Saint-Clair. Mais le malheur veut que ces

deux actes, trouvés dans le dossier du prévenu au ministère de la guerre, portent des traces si évidentes de faux, qu'il a lui-même été forcé de les reconnaître, tout en soutenant qu'il n'en est pas l'auteur, et que ces actes ont été substitués par une main ennemie dans les bureaux de la guerre à ceux qu'il y avait déposés, et que l'on a fait disparaître. Quelque difficile à croire que soit cette allégation, admettons-la pour un moment, il n'en résultera rien de favorable pour les prétentions du prévenu. En effet, s'il est vrai qu'il ait déposé des extraits réguliers de son acte de naissance, il les avait apparemment obtenus des magistrats de Landau, pourquoi n'a-t-il pas cherché à s'en procurer d'autres? Depuis 1826, époque d'un procès criminel, qu'il a soutenu à cette occasion, n'a-t-il pas eu tout le temps nécessaire pour s'en faire délivrer, dans cette ville des expéditions nouvelles ; et ne l'aurait-il pas pu, même encore, depuis qu'il sait que, dans le procès actuel, son nom et son état de baron de Saint-Clair lui sont de nouveau contestés ? Si donc il ne vous représente pas aujourd'hui cette pièce importante, qui couperait court à tout, c'est qu'évidemment il est dans l'impossibilité de l'obtenir, et que les registres de Landau ne font aucune mention de sa naissance....

Ces registres ont en effet été soigneusement compulsés, et l'on a reconnu qu'il ne s'y trouvait aucun acte qui fût applicable au soi-disant baron de Saint-Clair ; bien plus, des témoins ont été entendus dans le pays, notamment un vieillard de quatre-vingts ans, et ils se sont accordés à dire que jamais aucun individu du nom de Saint-Clair n'avait été connu dans leur ville. Le père du prévenu, suivant lui, colonel de Royal-Suédois, y aurait cependant joué un rôle assez important pour qu'on n'en eût pas dû perdre ainsi complètement le souvenir..... Il faut donc tenir pour constant que la famille dont le prévenu dit descendre n'a jamais habité Landau ; que par conséquent il n'y est pas né, et qu'ainsi il en impose sur son origine. Il n'est donc pas baron de Saint-Clair ? du moins il ne le prouve par aucun titre.

Mais, à défaut de titre, peut-il invoquer une possession d'état qui y supplée ? Non, Messieurs. Il appartient, dit-il, à une famille illustre, et pas un membre de cette famille ne vient lui prêter son appui ; pas un ami ne se présente qui atteste l'avoir vu aux jours de son enfance et de sa jeunesse. Mais, dit-il, il a servi successivement sous les drapeaux du prince de Condé, dans les armées anglaises et dans celles de l'empereur de Russie, et partout, depuis 1793, il a été connu sous le nom dont il se décore aujourd'hui.

Examinons cette assertion, et nous verrons en même temps ce qu'il faut penser des services du soi-disant baron de Saint-Clair :

Quant à ceux d'abord qu'il dit avoir rendus dans les rangs de l'armée de Condé, nous pouvons remarquer qu'il a étrangement varié dans les divers interrogatoires qu'il a subis, soit devant l'autorité militaire, soit devant la justice ordinaire, sur l'époque et le corps où ils auraient commencé. D'un autre côté il ne vous indique aucun de ses compagnons d'armes qui puisse venir les attester devant vous ; ceci doit, ce nous semble, faire douter un peu de leur réalité. Cependant il vous apporte des certificats signés par le marquis d'Ecquevilly, le prince Louis de Rohan et le duc de Lachâtre, qui attestent qu'il a servi sous leurs yeux et sous le nom de baron de Saint-Clair. Mais vous vous rappelez, Messieurs, que le marquis d'Ecquevilly et le prince Louis de Rohan se sont empressés de déclarer dans des notes qui vous ont été lues à une précédente audience, qu'ils ne se rappelaient pas personnellement l'avoir vu dans les corps qu'ils commandaient, et que s'ils l'avaient attesté ce n'avait été que par suite de la confiance qu'il leur avait inspirée. Le prince Louis de Rohan a même ajouté que depuis la délivrance par lui faite du certificat dont on excipe, il a appris que le Saint-Clair qui, en 1793, était entré dans son régiment de hussards, en qualité d'officier, et qu'il croyait être le même que le prévenu, était décédé. Ce fait de la mort de l'officier Saint-Clair, dont il paraît que le prévenu aurait voulu s'arroger le nom et les services, est d'alleurs constaté dans un rapport du ministère de la guerre anglais, dont la traduction passera sous vos yeux. Quoi qu'il en soit, on voit, par ce que nous venons de dire, que les deux certificats dont nous avons parlé ne sont plus d'aucune valeur dans la cause. Reste celui du duc de La Châtre, qui probablement serait également détruit par les explications du noble pair si la mort ne l'eût point frappé.

- Passons maintenant à l'examen des pièces destinées à prouver les services du prétendu Saint-Clair dans les armées de S. M. Britannique. Ils consistent dans un état signé Henri Calverts, qui, déposé par le prévenu dans les bureaux de la guerre, a été depuis transmis en Angleterre, et reconnu complètement faux, et dans un certificat émané de sir Sydney Smith, lequel atteste qu'il a servi sous ses ordres en Égypte ; mais à la dernière audience, l'illustre amiral est venu déclarer qu'il avait délivré ce certificat sans avoir personnellement aucune connaissance des faits qu'il constate, et seulement parce que l'exactitude de certaines indications données par le prévenu avait dû lui faire croire qu'il avait en effet fait la campagne d'E- gypte. Or, il est certain qu'il a fait cette campagne ; mais qu'il l'ait faite comme émigré français et sous le nom de Saint-Clair, c'est ce que l'amiral ignore et ce que rien ne prouve.

Il prétend enfin être, toujours sous ce même nom de Saint-Clair, entré, en 1812, au service de S. M. l'empereur de Russie ; avoir été nommé colonel des hussards de Grodno, et avoir, en cette qualité, fait la campagne de 1814 ; mais les deux certificats qu'il présentait à l'appui de cette allégation, comme émanés de généraux russes, ont été vérifiés par voie diplomatique et la fausseté en a été reconnue. Il a, de plus, été constaté que jamais il n'avait été connu dans les armées russes, et que jamais l'empereur ne lui avait donné le régiment de Grodno.

De tout ceci, il résulte évidemment que, s'il ne peut produire aucun titre régulier qui justifie son droit au nom de Saint-Clair, il ne peut pas davantage prouver qu'il ait porté ce nom soit à l'armée de Condé, soit dans les armées britanniques, soit enfin dans celles de la Russie, d'où suit la conséquence inévitable que ce nom n'est pas le sien.

Mais ce n'est pas assez d'avoir montré que le prévenu n'est pas ce qu'il dit être, il faut montrer maintenant ce qu'il est en effet.

Un rapport du ministère de la guerre de S. M. Britannique, portant la date de 1825, et dont nous déposons l'original et la traduction sous vos yeux, prouve que déjà, à cette époque de 1825, on supposait que le soi-disant baron de Saint-Clair n'était autre qu'un né Mac-Leane, officier écossais, qui avait quitté ses drapeaux en 1812, pour éviter le jugement d'un conseil de guerre devant lequel il avait été traduit, comme accusé d'avoir, à l'aide de faux certificats, obtenu subrepticement deux pensions militaires. Ces soupçons ont acquis, depuis quelques jours, et par suite des débats qui ont eu lieu devant vous, toute la force d'une vérité démontrée : vous vous rappelez, Messieurs, l'intéressante déposition dans laquelle M. le comte de Noé vous a appris qu'après avoir connu Mac-

Leane dans l'Inde, où ils servaient tous deux, il l'a depuis retrouvé en Europe ; qu'il a eu le malheur de contribuer à son insu à lui faire obtenir les certificats dont il a fait plus tard en Angleterre un si criminel abus, et l'a depuis revu plusieurs fois à Paris, sans avoir su, si ce n'est lors de la publication de la brochure qui nous occupe ; que ce Mac-Leane se faisait passer ici pour le baron de Saint-Clair. Plusieurs officiers anglais, qui l'ont aussi connu dans leurs rangs, sont venus également attester et son nom de Mac-Leane, et son origine écossaise, et le fait de sa désertion. Lui-même, par l'embarras de ses réponses, par les contradictions dans lesquelles il est tombé, par la conformité frappante qui existe entre sa personne et le signalement officiellement donné du déserteur Mac-Leane, enfin par son accent écossais si fortement prononcé, a achevé de prouver jusqu'à la dernière évidence que ses anciens camarades d'armes ne s'étaient pas trompés.

L'identité qui existe entre le prévenu et l'Écossais Mac-Leane ne saurait donc plus être douteuse. Cet homme n'est donc pas comme il le dit issu d'une noble famille, ce n'est pas un Français dévoué qui maintes et maintes fois sur les champs de bataille a répandu son sang et risqué sa vie pour le triomphe de nos rois ; non, c'est un étranger réduit à fuir la justice de son pays, c'est un soldat déserteur, c'est un aventurier qui se pare d'un nom qui n'est pas le sien, et veut obtenir le prix de services qu'il n'a pas rendus. Voilà celui qui vient dénoncer à la France les plus nobles, les plus fidèles serviteurs du trône comme d'odieux conspirateurs, comme de vils assassins !!! Quel témoignage, Messieurs, et qui désormais pourra-t-il séduire ?

Cependant ce n'est pas sur sa seule autorité que l'auteur de la brochure incriminée appuie ses inconcevables révélations ; c'est encore, c'est surtout sur celle d'un homme qu'il appelle Buïema, et dont il dit avoir reçu les confidences, soit avant, soit après le crime du 13 février 1820, dont cet homme a connu l'infernal mystère... Voyons donc ce que c'est que ce second témoin, et s'il mérite plus de confiance que le premier.

Dans le courant de l'année 1826, un homme se présente *spontanément* à la gendarmerie de Valenciennes, comme déserteur du 59e. régiment d'infanterie de ligne, et dit se nommer Michel Blanc, être né à Colmar. On le retient, et l'on prend des renseignemens, desquels il résulte que jamais aucun soldat du nom de Michel Blanc n'a appartenu au 59e. régiment. On l'interroge de nouveau, et il prétend alors que c'est le 52e. régiment, où il servait comme remplaçant, sous le nom de Mitel Broun qu'il a quitté. Nouvelles recherches qui prouvent encore que cet homme en impose. Cependant quelques propos extraordinaires, tenus par lui dans les prisons de Valenciennes, éveillent l'attention : le procureur du Roi près le tribunal de cette ville, se transporte près de lui, et reçoit l'aveu qu'il a pris part au complot tramé contre la vie de l'infortuné duc de Berry, par le vicomte de La Mothe, qu'il servait alors comme domestique, et par plusieurs autres personnages qu'il désigne... On l'envoie à Paris : il persiste dans ses révélations prétendues, mais il y fait entrer certains faits dont la fausseté est complètement démontrée par la volumineuse instruction que nous avons en ce moment sous les yeux. On avait la preuve qu'il mentait également en se donnant sous le nom de Mitel Broun ; on lui fait de nouvelles questions, et il dit alors qu'il est fils de l'amiral Verhuel ; que sa mère habite, à Dunkerque, une rue Saint-Clair, qui n'a jamais existé dans cette ville, où la dame Verhuel est également inconnue ; qu'il a servi sur les bâtimens de S. M. le Roi des Pays-Bas ; qu'il a eu le malheur de tuer un de ses officiers, avec qui il s'était pris de querelle, et qu'enfin il est venu à bout de s'échapper, et d'éviter ainsi l'exécution d'un arrêt de mort porté contre lui. On ne tarde pas à acquérir la preuve de la fausseté de ces déclarations nouvelles, et à savoir notamment que jamais l'homme qui les fait n'a appartenu à l'honorable famille dont il ose usurper le nom. Force est alors pour lui de changer encore de système. Il ne s'appelle donc plus ni Michel Blanc, ni Mitel Broun, ni Verhuel : il se nomme Jean Brinck, et il est né à Leuwarden, royaume des Pays-Bas. On vérifie, et l'on découvre qu'il existe effectivement à Leuwarden un individu portant le nom de Jean Brinck, mais qui y est encore au service d'un magistrat, et dont, par conséquent, l'individu détenu à Paris a faussement pris le nom. Toutefois on approchait de la vérité, et elle finit par se découvrir. Le véritable Jean Brinck a pour frère un assez mauvais sujet, nommé Arsène Brink, qui mène depuis long-temps une vie vagabonde, et qui a quitté Leuwarden à une époque qui coïncide avec celle où le personnage mystérieux que l'on cherche à connaître s'est livré lui-même à la gendarmerie de Valenciennes. Il y a tout lieu de supposer que celui-ci n'est autre que cet Arsène Brinck ; on l'interroge ; il en convient, et entre même dans des détails qui, comparés à ceux qu'avait donnés sa famille, ne permettent pas par leur exactitude de douter qu'enfin il ne dise vrai, et que l'on ne sache qui il est. Le mensonge évident de ses prétendues révélations touchant l'assassinat de Mgr. le duc de Berry, mensonge qu'il semble reconnaître lui-même dans un de ses derniers interrogatoires, où, pressé par les questions du juge, il avoue qu'il ne sait plus que répondre ; ce mensonge, prouvé par une longue et scrupuleuse instruction, détermine à abandonner la prévention de complicité du forfait, dont il avait cherché à se charger lui-même, et il est renvoyé devant la police correctionnelle, comme prévenu de vagabondage : le tribunal de Valenciennes le condamne à six mois de prison ; il les subit, et depuis on n'a plus entendu parler de lui.

Voilà, Messieurs, le confident du prétendu baron de Saint-Clair, celui dont il a reçu, dans les prisons de la Conciergerie, où ils étaient détenus ensemble, les déclarations verbales et écrites qu'il publie aujourd'hui ; voilà cet homme qu'il présente sous le nom de Buïema (nom que, dans ses perpétuelles variations il n'a pourtant jamais pris), et dont l'autorité doit faire accueillir les atroces accusations, portées contre les nobles parties civiles. En vérité, Messieurs, nous avons honte de nous arrêter à repousser un témoignage si bas.

Une chose cependant, il faut le dire, semblerait lui donner quelque poids : cet homme s'accuse lui-même d'avoir participé à un grand crime ; quel intérêt, autre que celui de la vérité, quel sentiment, autre que celui du remords, ont pu l'y porter ?

Il serait difficile, Messieurs, de répondre d'une manière certaine à ces questions. Nous dirons cependant que Brinck avait de fréquentes attaques d'épilepsie, et que peut-être elles avaient troublé sa raison ; qu'il était, au moment de son arrestation, dans une misère profonde ; qu'il a pu chercher à se faire, dans cet état, une triste ressource des accusations qu'il portait contre lui-même, et qui lui procuraient, du moins pour un temps, un asile et du pain ; que peut-être enfin, comme il l'a dit une fois, il avait commis, dans son pays ou ailleurs, quelque crime, au châtiment duquel il a voulu échapper, en donnant le change à la justice, et s'accusant d'un crime imaginaire dont il savait bien qu'on ne pourrait jamais le convaincre ; que ces sortes de spéculations ou de ruses ne sont pas nouvelles, et que déjà nous en avons eu plus d'un exemple.

Quoi qu'il en soit, au surplus, de ces explications, il est certain qu'Arsène Brinck n'a été mû ni par l'intérêt de la vérité, ni par les remords de sa conscience ; les contradictions dans lesquelles il n'a cessé de tomber, et la fausseté démontrée de la plupart des faits révélés par lui, ne peuvent laisser aucun doute à cet égard.

Nous venons, Messieurs, de parler de contradictions et de mensonges qui suffisent pour démontrer la grossière imposture des révélations faites par Arsène Brinck, soit à la justice, soit à Mac-Leane. Il nous reste à vous faire connaître et ces mensonges et ces contradictions.

Dans la déclaration écrite qu'il a remise au prévenu, et qu'il avait très probablement faite sous sa dictée, il désigne, comme ayant pris part au complot, MM. le duc de Cazes, le duc de Maillé, le comte François d'Escars, le comte de Clermont-Lodève, le comte Lion et le vicomte Paultre de La Mothe ; et cependant dans aucun des interrogatoires qu'il a subis à Valenciennes et à Paris, il ne prononce une seule fois le nom des quatre premières personnes que nous venons d'indiquer, mais, à leur place, il en dénonce d'autres, qu'il est inutile de nommer ici, et dont il ne parle plus dans la déclaration écrite dont se prévaut Mac-Leane. Ce n'est qu'après avoir rencontré celui-ci à la Conciergerie, après avoir reçu les caresses de cet homme qui, malgré le dévoûment sans bornes dont il est si fier, ne rougissait pas, c'est lui-même qui le dit, de traiter comme son enfant le complice de Louvel, et de partager avec lui ses repas et sa bourse ; c'est après avoir sans doute reçu ses instructions, qu'il signe enfin la déclaration bizarre dont nous venons de parler, et dans laquelle, pour la première fois, il nomme ses illustres complices. Or, pouvons-nous dire, si ces derniers étaient réellement coupables, d'où vient que, voulant éclairer la justice, il ne les lui a pas signalés? d'où vient surtout qu'il lui en a dénoncé d'autres, dont plus tard il a tu les noms à son confident, et dont il a ainsi reconnu l'innocence? Quelle preuve plus forte de sa détestable calomnie?

Mais en voici d'autres encore :

C'est pendant qu'il était au service du vicomte Paultre de La Mothe, que celui-ci l'aurait initié aux secrets des complots ; et jamais, c'est un fait avéré par les débats, jamais le vicomte de La Mothe n'a eu à son service de domestique du nom de Brinck ou de Buiema, ni aucun autre auquel se puisse appliquer le signalement de ce dernier.

C'est à l'hôtel Meurice, rue St.-Honoré, où *demeurait, le général,* que se tenaient habituellement les conciliabules et que Brinck a vu les conjurés se réunir avec Louvel ; et jamais, c'est encore un fait incontestable, le général de La Mothe n'a demeuré ailleurs que dans la rue Saint-Lazare.

Enfin, c'est la veille et le jour même de l'assassinat que le vicomte de La Mothe aurait eu avec lui et avec Louvel ses dernières conférences, qu'il leur aurait remis les poignards.

Et il a été prouvé par les déclarations géminées des plus honorables témoins, qu'à cette funeste époque, c'est-à-dire, les 12 et 13 février 1820, le général était à Meaux ou dans les environs de cette ville, et qu'il n'est revenu à Paris que le 14, en apprenant l'affreuse nouvelle qui devait rallier autour du trône tous ses fidèles serviteurs.

C'est assez en ce qui concerne le général de La Mothe, pour démontrer l'odieuse fausseté du récit de Brinck ; d'où résulte la conséquence nécessaire que ce récit est également faux en ce qui concerne les autres parties civiles, bien qu'il leur soit impossible, par la nature même des choses, de faire la preuve négative des faits qu'on leur impute.

Cependant la brochure contient encore, notamment par rapport à M. le duc Decazes, différentes allégations qui tendent à justifier l'accusation dirigée contre lui, et à établir sa participation au complot. Il est de notre devoir de les examiner rapidement.

Nous ne nous occuperons pas du système politique suivi par cet ancien ministre. Il a été l'objet de vives critiques, il a obtenu de chaudes apologies ; les unes et les autres sont du domaine de la liberté de discussion : encore une fois, nous n'avons pas à nous en occuper. Mais on ose prétendre que le noble Duc a armé le bras d'un assassin contre le fils de son maître, nous n'hésitons pas à repousser, avec toute l'énergie dont nous sommes capables, cette abominable supposition.

On cherche à la prouver en disant qu'antérieurement au crime, Louvel avait été arrêté un jour dans les environs d'un spectacle, où ses démarches paraissaient suspectes, et que le premier ministre en ayant été informé, avait immédiatement donné l'ordre de lui rendre sa liberté, et adressé une sévère réprimande à l'officier de police qui l'en avait momentanément privé. Nous avons vérifié nous-même ce fait d'une première arrestation subie par Louvel avant le 13 février, et nous avons reconnu qu'il a été formellement démenti dans la procédure suivie à la Cour des Pairs. Les conséquences qu'on essayait d'en tirer doivent donc s'évanouir avec lui.

On dit, en outre, que pendant l'interrogatoire de Louvel, M. le duc Decazes lui a parlé bas à l'oreille ; vous savez quelle conclusion on tire de ce fait, qui d'ailleurs est exact, mais au sujet duquel vous allez voir, Messieurs, par l'explication que nous sommes autorisé à vous en donner, avec quelle funeste talent

la malveillance sait tourner, contre ceux qu'elle pour-
suit, les circonstances les plus indifférentes.

M. le comte Anglès, alors préfet de police, interro-
geait Louvel dans une pièce voisine de celle où gisait
le malheureux Prince, lorsque M. le duc de Fitz-
James vient lui dire que les médecins désirent savoir
si le poignard était empoisonné. Il était difficile d'en
faire tout haut la question à Louvel en présence de ce
grand nombre de personnes qui se pressaient à l'en-
tour, et qu'une réponse affirmative eût plongées dans le
désespoir. M. le duc Decazes, qui se trouvait alors
entre le préfet de police et le meurtrier, s'approcha
de ce dernier, et lui transmit tout bas la question, à
laquelle Louvel répondit négativement, avec une sorte
d'énergie, qui parut et était en effet l'accent de la vérité: M. le Procureur-général actuel, qui, en sa qualité
de Procureur du Roi, était présent à cette scène, nous
a chargé, Messieurs, de vous en garantir l'exactitude.

On dit encore qu'au lieu de remettre Louvel aux
mains de la justice, M. Decazes l'a fait conduire dans
une des salles de son ministère; qu'il l'y a tenu pendant quelques heures en chartre privée; et qu'il a pu,
pendant ce temps lui donner les conseils et les encou-
ragemens dont il avait besoin. Voici encore, Messieurs, l'explication bien simple et assurément très
satisfaisante de ce fait que l'on a si calomnieusement
interprété.

Les premiers interrogatoires avaient eu lieu, comme
nous venons de le dire, dans une pièce voisine de celle
où le Prince supportait avec un si héroïque courage sa
cruelle agonie. A chaque instant on entendait et les
gémissemens de la victime, et les pleurs de sa royale
famille, et les sanglots de ses serviteurs. Tous les
cœurs étaient brisés par la douleur : Louvel seul pa-
raissait insensible. On ne pouvait, au milieu de ces

scènes lamentables, et du trouble qu'elles occasion-
naient, continuer à l'interroger. Mais la nuit était
avancée, et l'on ne savait où le conduire. Au Palais-
de-Justice? les portes en étaient fermées, et il était
impossible, à cette heure, de se les faire ouvrir. Dans
une maison d'arrêt? on n'aurait pu convenablement
y poursuivre la procédure. Le ministre de l'intérieur
offre son hôtel, et l'on y conduit l'assassin, qui, à la
vérité, y passe une partie de la journée, mais seulement parce qu'un nouveau déplacement pouvait avoir
des inconvéniens. Ce que nous pouvons assurer, au surplus, et parce que nous en avons acquis la preuve par
la lecture que nous avons faite des procès-verbaux, et
parce que M. le Procureur-général nous l'a formellement attesté, c'est que pendant tout le temps que Louvel fut à l'hôtel de l'intérieur, et jusqu'au moment où
on le remit entre les mains de MM. les juges d'instruction, M. le Procureur-général Bellart et M. le procureur du Roi ne l'ont pas quitté ; que M. Decazes n'a
pas été un instant seul avec lui, et n'a, par conséquent,
pas pu exercer sur ses réponses la coupable influence
qu'on suppose.

On a prétendu, dans le temps, et l'on répète dans
la brochure, que la surveillance de la police avait été,
le jour du crime, moindre qu'elle n'était ordinaire-
ment à l'Opéra ; et nous avons trouvé, dans la procédure instruite par la Cour des Pairs, que des mesures
extraordinaires avaient au contraire été prises ce jour-
là, et que le poste de la gendarmerie, ainsi que le
nombre des agens de police, avaient été considérable-
ment augmentés. Il ne faut pas d'ailleurs perdre
de vue que le Prince a été frappé entre ses aides-de-
camp et ses valets de pied. Leurs mains fidèles n'ont pu
le garantir ; quelles mains eussent été plus heureuses !

Le défenseur de M. le duc Decazes vous a parlé,

Messieurs, d'un almanach trouvé chez Louvel, lors de la perquisition faite à son domicile, et dans lequel on lisait un éloge touchant de Mgr. le duc de Berri. Il vous a annoncé que, sur la question qu'on lui fit à ce sujet, Louvel était convenu qu'en lisant cet éloge, il s'était dit : *J'ai donc tort de vouloir sa mort, puisqu'il est si bon ;* qu'il avait un instant hésité dans son funeste projet, mais qu'une détestable réflexion l'y avait ensuite affermi de nouveau. Ce fait, Messieurs, et l'aveu de Louvel ont eu lieu en présence de M. e procureur-général actuel, qui nous a autorisé à vous le certifier. On assure d'ailleurs et nous avons tout lieu de croire que l'almanach dont il s'agit était publié par les soins de M. le Ministre de l'intérieur.

Puisque nous vous avons parlé de la perquisition faite au domicile de Louvel, c'est ici le lieu de rectifier une erreur contenue dans la brochure au sujet de cette opération. On y lit qu'elle produisit la découverte d'une somme de 1,500 fr., somme énorme en la possession d'un ouvrier sellier. Le fait est faux, et nous avons reconnu, par l'examen que nous avons fait des procès-verbaux, que 150 fr. seulement avaient été saisis chez le meurtrier.

Poursuivons maintenant, Messieurs, l'examen et la discussion des faits sur lesquels le soi-disant Saint-Clair prétend appuyer ses accusations.

Informé par Buïema, le 12 mars 1819, du complot formé contre le prince, il veut en instruire le comte de Clermont-Lodève, son gentilhomme d'honneur, et lui adresse à ce sujet une lettre demeurée sans réponse. Faut-il s'en étonner ? Le comte de Clermont-Lodève était (c'est Buïema qui l'assure), au nombre des conjurés ; il l'a prouvé depuis, en faisant disparaître des papiers, sans doute importans, trouvés sur Louvel au moment de son arrestation.

Le comte de Clermont n'existe plus, Messieurs, et

l'on a toujours cru que la douleur que lui avait causée
la mort de son excellent Prince n'avait pas peu contri-
bué à abréger ses jours. Nous nous chargeons avec
empressement aujourd'hui de défendre sa mémoire
honorée contre d'odieuses accusations. Il n'a pas répondu à la lettre du baron de Saint-Clair ; mais cette
lettre, qui prouve donc qu'elle lui ait été écrite ? Qui
prouve qu'il l'ait reçue ? L'allégation isolée de Mac-
Leane nous semble de peu de poids à cet égard.

— Il a fait disparaître des papiers trouvés sur Louvel.
L'instruction faite, soit en flagrant délit, soit par la
commission de la Cour des Pairs ne donne aucune apparence de fondement à cette étrange supposition.

— Ce qui prouve d'ailleurs jusqu'à l'évidence que le
noble comte était complètement étranger au crime,
c'est, Messieurs, l'énergique indignation avec laquelle
on l'entendit reprocher à Louvel son exécrable forfait,
et dont nous avons trouvé les expressions dans les
procès-verbaux. Se fût-il adressé de cette sorte à un
complice qui, dit-on, devait le connaître, et dont un
seul mot pouvait le confondre.

Quant à M. le duc de Maillé, on peut douter
qu'antérieurement au 13 février 1820, le prétendu
Saint-Clair ne lui ait écrit pour lui donner connaissance de la conspiration. M. le duc de Maillé a répondu, et ses réponses sont entre les mains du prévenu.
Ces réponses, Messieurs, ne prouvent rien, sinon
que ce dernier a demandé un ou deux rendez-vous à
M. le duc de Maillé, qui n'a pu les lui accorder, et l'a
engagé à s'adresser au duc de Fitz-James. Mais ces rendez-vous demandés avaient-ils pour but d'avertir le Duc
du complot formé ? C'est ce qui ne résulte en rien des lettres produites : d'ailleurs, remarquons-le bien, et cette
observation s'appliquera également à M. le comte de
Clermont-Lodève ; ils ont l'un et l'autre refusé de recevoir Saint-Clair, qui offrait de leur révéler un com-

plot? Mais, s'ils étaient eux-mêmes au nombre des artisans de cette trame criminelle, qui ne voit que leur intérêt voulait qu'ils le vissent, qu'ils le questionnassent, qu'ils apprissent de lui par quelle bouche indiscrète il avait été instruit, quel était celui qui les avait trahis, quels secrets avaient été livrés, quelles mesures, quelles précautions devenaient nécessaires? Leur indifférence donc pour le prétendu révélateur prouverait, s'il était établi qu'il se fût adressé à eux, qu'ils étaient sans crainte, et par conséquent sans reproches.

— Mais il a été question encore d'autres lettres adressées ou remises à Buïéma par le duc de Maillé et le comte Lion, et dans lesquelles ces derniers l'engageaient au silence, lui promettaient leur protection. N'est-il pas évident, dès-lors, qu'ils étaient ses complices?

Qui pourra jamais croire, Messieurs, que ces lettres aient été réellement écrites; et, en supposant même le crime des deux personnages que nous venons de nommer, qui pensera qu'ils aient eu l'inconcevable imprudence de remettre aux mains d'un misérable des pièces revêtues de leurs signatures, et dont il pouvait si facilement abuser pour les perdre?

— Ces lettres, d'ailleurs, où sont-elles, et qui les a vues? A une précédente audience, Mac-Léane a prétendu qu'elles étaient déposées à Lyon, chez les frères Périsse, libraires? Ceux-ci, en apprenant par les journaux cette allégation, se sont empressés de la démentir par une lettre que nous venons de recevoir et que nous mettons sous vos yeux.

Vous le voyez donc, Messieurs, les témoignages sur lesquels reposent *les révélations* émanent de si bas, et sont remplis de tant de contradictions et de faussetés, qu'on a presque honte de s'arrêter à les discuter. Les faits que l'on donne à l'appui, ou sont faux ou s'expliquent naturellement ; enfin quant aux pièces écrites, celles qui pourraient prouver quelque chose, on ne les représente pas ; elles n'ont évidemment point d'existence ; celles qu'on représente ou ne prouvent rien ou prouvent le mensonge des révélateurs, que prouvaient d'ailleurs assez et le nom et la vie de ceux qu'ils dénoncent.

Maintenant, Messieurs, nous avons encore un point à examiner ; c'est celui de savoir si Mac-Leane, se disant Saint-Clair, a du moins agi de bonne foi, et s'il a cru et pu croire à la vérité des faits qu'il dénonçait aux chambres et au public.

Dans ce cas-là même il serait coupable d'une bien grande légèreté, et l'on aurait peine à comprendre que sur la foi d'un vagabond il ait osé accuser, sans aucune preuve particulière, les plus nobles personnages de l'État. Ne pouvait-il pas d'ailleurs vérifier les déclarations qu'il recevait, et le moindre renseignement qu'il eût pris n'eût-il pas suffi pour lui en démontrer l'imposture ?

Mais cette bonne foi même, dans laquelle il va sans doute chercher à se retrancher, cette bonne foi, il ne peut l'invoquer, et tout prouve que c'est méchamment et à dessein de nuire qu'il a publié ses révélations.

En effet, Messieurs, pour croire qu'il ait pu donner sa confiance aux récits de Brinck, il faut admettre, comme il le prétend, qu'il le connaissait avant de le rencontrer en 1826 dans les prisons de la Conciergerie ; que son père, nommé Buïema, lui avait sauvé la vie sur un champ de bataille, et que le 12 mars 1819 cet homme était venu le trouver à Marly pour lui apprendre le complot auquel le vicomte de la Mothe, son maître, l'avait initié. Eh bien ! Messieurs, ce sont là autant de fables que le prévenu seul a pu inventer pour donner cours à ses révélations.

Arsène Brinck, qui les lui a faites en 1826, ne s'appelait pas et ne s'était jamais appelé Buïema : dans aucun de ses interrogatoires, ni même au bas de la déclaration écrite qu'il a remise au prévenu, et dans laquelle il n'avait apparemment pas d'intérêt à cacher son nom, il n'a jamais pris celui-là. Son père n'a jamais été militaire, ni par conséquent colonel ; c'était tout simplement un pauvre jardinier, qui n'a pas pu sauver la vie au prétendu Saint-Clair sur un champ de bataille.

Enfin il n'est pas venu le 12 mars 1819, c'est-à-dire près d'un an avant l'assassinat de Mgr. le duc de Berri, avertir Saint-Clair *qu'il ne connaissait pas, auquel il n'avait aucun sujet de donner sa confiance,* du complot qui se tramait, et que lui avait appris le vicomte de la Mothe, *au service duquel il n'était pas et n'avait jamais été.* Plusieurs circonstances démontrent que ces premières confidences n'ont pas eu lieu.

C'est le 12 mars 1819, dit le prévenu, qu'il les a reçues à Marly-le-Roi, où il demeurait alors. C'est donc le 12 mars 1819 qu'il a appris que le duc Decazes était l'un des chefs du complot ; et l'on trouve au dossier la copie d'une lettre qu'il écrit postérieurement à cette découverte au ministre coupable, qu'il accable cependant des témoignages de son estime, de sa confiance et de son respect. Cet homme si généreux et si dévoué eût-il donc écrit ainsi à celui qu'il aurait cru un conspirateur, un assassin ?

Lorsque la Cour des Pairs instruisait le procès de Louvel, elle eut le soin d'entendre tous les témoins qu'on lui indiquait, et de vérifier les moindres renseignemens. Si le prévenu en avait eu réellement à donner, s'il avait cru, comme il le dit, qu'une seule conférence avec Louvel eût suffi pour arracher à celui-ci le nom de ses complices, ne se serait-il pas présenté de lui-même, n'aurait-il pas demandé à être entendu à déclarer ce qu'il savait ? Eh bien ! il n'en a rien fait ;

il a gardé le silence, malgré ce zèle ardent qui l'anime. Que conclure de là? Qu'il ne savait rien, que Brinck ne lui avait rien appris.

Et si en effet, Messieurs, avant le détestable succès du complot, Arsène Brinck lui en avait annoncé l'existence, celui-ci aurait-il manqué dans ses interrogatoires de se prévaloir de cette confidence? Il voyait bien que la justice ajoutait peu de foi à ses récits accusateurs; pour vaincre l'incrédulité des magistrats, il avait un moyen bien facile; *interrogez*, eût-il dit, *interrogez le baron de Saint-Clair: dès 1819 je l'avais mis au courant de la conspiration, je lui en avais nommé les agens; appelez-le devant vous, et il vous l'attestera.* Ce témoignage était d'autant plus important pour Arsène Brinck, qu'il prouvait que c'était en quelque sorte malgré lui et à son corps défendant qu'il s'était laissé engager dans le projet du crime, et qu'il avait essayé d'en prévenir la consommation. Or, Messieurs, vous pourrez, comme nous avons fait nous-même, lire les interrogatoires de Brinck; et vous verrez que nulle part il n'y a parlé de ses confidences à Saint-Clair. C'est la preuve la plus forte que jamais il ne lui en avait fait aucune avant leur réunion à la Conciergerie; et s'il en est ainsi, que devient la bonne foi du prévenu?

Après ces observations, M. l'Avocat du Roi examine la conduite de l'imprimeur, qui a prêté son office et ses presses aux diffamations de Mac-Leane. Il pense que le titre seul de l'ouvrage devait éveiller son attention; que nécessairement il a dû le lire avant de le livrer à l'impression, et que la nature des faits dénoncés, jointe à la haute réputation des personnages attaqués, devait suffire pour le rendre plus circonspect. Il termine en concluant à l'application contre Mac-Leane, se disant baron de Saint-Clair, et contre l'imprimeur Barbier, des peines portées par les articles 1, 13 et 18 de la loi du 17 mai 1819.

Imprimerie de PIHAN DELAFOREST (MORINVAL), rue des Bons-Enfans, n°. 34.

JUGEMENT.

LE Tribunal se retire à cinq heures moins un quart, dans la chambre du conseil, pour délibérer.

A six heures, le Tribunal a rendu le jugement suivant :

« Attendu que, dans la brochure incriminée, ayant pour titre : « AUX CHAMBRES : *Révélations* » *sur l'assassinat du duc de Berri*, suivies de » pièces justificatives, par le colonel de cavalerie » Charles-Ferdinand, baron de Saint-Clair ; » le duc Decazes, le duc de Maillé, le vicomte Paultre de la Mothe, le comte François d'Escars, père du duc d'Escars, et le comte Lion, sont désignés comme ayant été les complices de l'attentat de Louvel contre la vie du duc de Berri ;

» Attendu que l'allégation de cette complicité se trouve dans de nombreux passages de la brochure ;

» Attendu que la notoriété publique avait, long-temps avant la publication dont il s'agit, signalé comme faux et controuvés ceux des faits énoncés dans la brochure qui sont relatifs à ce qui concerne le duc Decazes, et dont on pourrait faire résulter, à son égard, une complicité morale de l'attentat de Louvel ;

» Attendu que les faits imputés au duc de Maillé, au vicomte Paultre de la Mothe et au comte Lion, sont évidemment de nature à porter atteinte à leur honneur et à leur considération ; que ceux imputés au comte François d'Escars sont également de nature à porter atteinte à l'honneur et à la considération du duc d'Escars son fils ;

» Attendu que le prévenu, se disant baron de Saint-Clair, et signalé dans l'instruction comme étant Mac-Leane, Écossais, a reconnu avoir composé et fait imprimer, publié, vendu et distribué pour son compte la brochure incriminée ;

» Attendu que la nature des faits allégués, leur invraisemblance, les documens sur lesquels on les appuie, et qui paraissent évidemment controuvés et supposés, la position sociale des personnes attaquées, et la position au moins équivoque de l'auteur de l'écrit, tout donne à la diffamation, dans cette cause, un caractère plus particulier de gravité ;

» Attendu que bien que la conduite de Barbier ait été très imprudente, et qu'il ait manqué aux devoirs essentiels de sa profession, néanmoins il a pu être induit en erreur par les fausses apparences du prévenu, se disant colonel de cavalerie, baron de Saint-Clair, par les renseignemens qui lui ont été donnés sur son compte, et qu'il n'est pas suffisamment établi par l'instruction et les débats qu'il ait agi sciemment en imprimant l'ouvrage dont il s'agit ;

» Par ces motifs, renvoie Barbier de la plainte, et condamne les parties civiles aux dépens à son égard ;

» Statuant à l'égard du prévenu, se disant baron de Saint-Clair, le Tribunal le déclare coupable du délit de diffamation, le condamne à une année d'emprisonnement (*maximum* de la peine), 5oo fr. d'amende : déclare les saisies bonnes et valables ; ordonne la destruction de tous les exemplaires ; condamne le prévenu à payer aux parties civiles, à titre de dommages et intérêts, la somme de 1,000 fr.; autorise chacune des parties civiles à faire aux frais dudit prévenu : 1o. imprimer et afficher le présent jugement au nombre de 5oo exemplaires; 2o. à faire insérer dans trois journaux de la capitale à son choix, extrait du présent jugement, contenant les motifs et le dispositif dudit jugement; condamne en outre le prévenu en tous les dépens, dans lesquels entreront les frais desdites impressions, affiches et insertions.

Imprimerie de PIHAN DELAFOREST (MORINVAL), rue des Bons-Enfans, n°. 84.